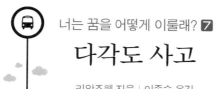

너는 꿈을 어떻게 이룰래? **7**

다각도 사고

리앙즈웬 지음 | 이종순 옮김

한언

너는 꿈을 어떻게 이룰래? 5

다각도 사고

펴 냄   2006년 10월 15일 1판 1쇄 박음 | 2006년 10월 20일 1판 1쇄 펴냄
지은이   리앙즈웬 (梁志援)
옮긴이   이종순
펴낸이   김철종
펴낸곳   (주)한언
            등록번호 제1-128호 / 등록일자 1983. 9. 30
주 소   서울시 마포구 신수동 63-14 구 프라자 6층(우 121-854)
            TEL. 02-701-6616(대) / FAX. 02-701-4449
책임편집 양춘미 cmyang@haneon.com
디자인   김신애 sakim@haneon.com
일러스트 김신애 sakim@haneon.com
홈페이지 www.haneon.com
e-mail   haneon@haneon.com
            이 책의 무단전재 및 복제를 금합니다.
            잘못 만들어진 책은 구입하신 서점에서 바꾸어 드립니다.

            ISBN 89-5596-376-9 44320
            ISBN 89-5596-329-7 44320(세트)

다각도 사고

꿈꾸는 아이들에게는
지식을 선물할 것이 아니라
지혜를 선물해야 합니다.

To

From

어린이들에게 지혜의 문을 열어주자

이 책은 왜 출간되었는가?

오늘날처럼 급변하는 시대에 전통적인 교육 시스템은 새로운 욕구를 만족시키지 못하는 경우가 많다. 일상생활에서 반드시 필요한 목표설정, 문제해결, 시간관리, 돈관리 등은 전통적인 교육방식으로는 배울 수 없는 것들이다. 《너는 꿈을 어떻게 이룰래?》시리즈는 바로 이러한 문제인식에서 출발하여 출간되었다. 이 시리즈는 동시대와 호흡하고 있는 여러 분야의 대가들의 지혜를 모델로 삼았으며, 그들의 사고방식(Thinking Model)을 재미있는 이야기로 엮었다. 또한 다양한 심리학적 지식을 참고하고 그 방법을 적용하여 학생들의 이해력을 돕고자 노력했다.

이 책은 누구를 위한 것인가?

이 책은 초등학교 4학년부터 중학교 3학년(약 9~15세) 학생들이 앞으로 인생을 살아가는 데 꼭 필요한 인성을 익힐 수 있도록 집필되었다. 만약 어린 학생이 이 책을 본다면 선생님과 부모님들은 그들의 이해 수준에 따라 적절한 설명을 곁들여야 효과가 클 것이다. 연습문제는 그대로 따라 풀 수 있도록 구성하였다. 물론 이 책은 성인들에게도 도움이 된다고 생각한다. 다만, 어린이들은 사물에 호기심이 많고 이해가 빠르기 때문에 사고방식 훈련에 더욱 좋은 효과가 있으리라 생각한다.

선생님과 부모님들은 이 책을 어떻게 활용해야 할까?

선생님과 부모님들은 먼저 지문의 요점을 이해한 다음, 아이들에게 설명하고 연습문제를 풀게 한다. 또 선생님과 부모님은 아이들의 인성교육에 있어 훌륭한 조언자이기 때문에 그들의 모범이 되어야 하며, 자신의 경험에 비추어 학생들과 함께 답안을 작성하고 느낀 점에 대해 토론해야 한다. 이 과정에서 학생들의 다양한 생각을 북돋워주고, 그 사고방식이 학생들의 생활에 소중한 가치관으로 자리

잡게 하며 이를 습관화하도록 도와준다. 그럼으로써 어른들은 자신의 삶을 되돌아볼 수 있고, 아이들의 인생은 보다 풍요롭고 행복해질 것이다.

이 책은 정답이 없다!

　책 뒷부분에 제시된 답안은 학생들의 올바른 사고방식과 가치관 형성을 돕고자 하는 참고답안일 뿐 정답이 아니라는 점을 말해두고 싶다. 다양한 사고방식과 개인의 견해 차이를 인정해야 하기 때문이다. 참고답안에 얽매이기보다는 자유로운 토론과 사고를 통해 온전히 자신의 지혜로 만들기 바란다.

죽은 지식과 살아 있는 지혜

초등학교를 졸업할 때쯤 아이들의 신체조건, 지적 수준, 사고 능력은 거의 비슷하다고 할 수 있다. 그러나 오랜 세월이 지난 후 그 결과는 사뭇 다르다. 아마도 이러한 결과를 운의 몫으로 돌리는 사람도 있을 것이다. 어떤 사람들은 운이 따르지 않아서 성공할 수 없었고, 어떤 사람들은 운 좋게 귀인을 만나 성공했다고 생각할 수도 있다. 그렇다면 행운 외에 다른 이유는 없는 것일까? 한 학년의 학업을 마쳤다는 것은 학교에서 배운 지식과 능력이 다른 사람과 별 차이가 없다는 것을 의미한다. 그런데 왜 일부분의 사람들만 배운 지식을 자유자재로 활용할 수 있을까? 그것은 그들에게 또 다른 살아있는 지혜가 있기 때문이다.

지식사회에서 살고 있는 우리는 그 어느 때보다 지식에 대한 욕구가 간절하다. 우리는 반드시 이전보다 더 치열하게 학습하고 많은 시간을 투자해야 한다. 예를 들면 대학을 졸업하고 나서도 전공 관련 자격증을 취득하거나 앞으로 생계유지에 필요한 전문기술을 배워야 한다. 기초적인 전문기술이 우리의 경쟁력을 높여주고, 생계유지 차원에서 도움이 된다는 것은 의심할 여지가 없다. 그러나 이런 '죽은 지식'을 자유자재로 활용하려면 반드시 '산지식'을 자유자재로 활용할 수 있는 능력이 필요하다. 그렇다면 '산지식'을 활용할 수 있는 능력이란 무엇인가?

유명한 미래학자 존 나이스비트 *John Naisbitt*는 지식사회에서 다음과 같은 네 가지 기능을 습득해야 한다고 말한다. 그것은 바로 공부하는 방법, 생각하는 방법, 창조하는 방법, 교제하는 방법이다.

같은 분야의 전문 자격증을 취득한 엔지니어 두 명이 있었다. 그중 A라는 사람은 공부하는 방법을 알고 있었기 때문에 급속하게 변화하는 시장의 요구에 맞춰 신제품 관련 지식을 파악할 수 있었고, 사람들과 교제하는 방법과 표현능력이 뛰어났기 때문에 더 많은 주문을 받을 수 있었다. 또한 창의적인 사고방식을 가지고 있어서 어려운 문제에 봉착했을 때 빠르고 쉽게 해결할 수 있었다. 그리고 과거를 반성하고 미래를 예측할 수 있는 혜안 덕분에 더욱 많은 기회를 잡을 수 있었다. 그러나 B라는 사람은 A처럼 그렇지 못했기 때문에 그에 비해 성공적인 삶을 살지 못했다.

죽은 지식과 산지식 사이에는 다음과 같은 차이점이 있다.

* 죽은 지식은 쉽게 시대에 뒤떨어지고 새로운 지식에 자리를 내주지만, 산지식은 평생 활용이 가능하다.
* 죽은 지식을 습득하는 데는 많은 시간이 필요하지만, 산지식은 짧은 시간 안에 쉽게 배울 수 있다. 그러나 산지식을 이해할 수도 인정할 수도 없는 사람들은 평생 걸려도 배우지 못한다.
* 죽은 지식은 일반적으로 학교에서 교과과정을 통해 배울 수 있지만, 산지식은 언제 어디서나 정해진 틀에 얽매이지 않고 배울 수 있다.
* 죽은 지식은 평가가 가능하지만, 산지식은 정확하게 평가하기가 어렵고 긴 시간이 지나야 그 결과를 통해 알 수 있다. 그러나 확실하게 산지식을 배울 수 있다면 그 효과는 굉장하다.

성공한 사람들의 공통점이 있다면 그들은 산지식의 소유자라는 것이다. 리앙즈 웬 선생이 쓴 〈너는 꿈을 어떻게 이룰래?〉 시리즈는 바로 세계적인 교육의 새로운 흐름에 따라 집필된 '산지식'이라 하겠다. 이 시리즈는 지식사회가 요구하는 인재육성을 위한 훌륭한 교과서다. 이 책의 특징은 어려운 문장은 피하고, 간결하고 정확한 언어를 사용했다는 점이다. 연습문제를 통해 학생들이 쉽게 이해하고, 그

숨은 뜻을 바로 습득할 수 있도록 구성했다. 즉, 이 책에서 제기된 많은 지식들은 사람들이 평생 배워도 체계적으로 터득하기 어려운 산지식이라고 자신 있게 말할 수 있다. 아이들이 이 시리즈를 통해 평생 사는 데 도움이 되는 훌륭한 지혜들을 얻기 바란다.

—존 라우《너는 꿈을 어떻게 이룰래?》시리즈 고문

다각도 사고를 통한 밝은 미래

우리의 훌륭한 사고방식은 밝은 미래를 약속한다.

–에드워드 드 보노 *Edward de Bono*

점점 세계화가 되어가고 있는 오늘날, 우리는 바야흐로 혁신의 시대를 맞이하고 있다. 끊임없이 많은 개념과 사물이 쏟아지고 있어서 기존에 가지고 있던 전통적인 사고방식으로는 사회의 흐름을 따라갈 수 없다.

'사고' 라는 것은 인간에게 있어서 가장 귀중한 자원일 뿐 아니라 인류사회 발전의 원동력이기도 하다. 이 책의 '다각도 사고' 는 현재 창의적 사고력 개발 분야에서 가장 영향력 있는 에드워드 드 보노 박사의 사고 이론을 참고로 쓴 것이다. 이 책의 목적은 청소년들이 여러 가지 관점으로 문제를 관찰하고 생각하도록 편견을 없애려는 것이다. 실제로 성공적인 CEO들은 이런 다각도 사고로 여러 문제를 해결한다. 이것을 이용하면 마치 관점이 완전히 다른 여러 사람들이 함께 모여서 토론을 하는 것처럼 전체를 종합하여 볼 수 있고 서로 다른 입장에 대해 고민해볼 수 있어서 결과적으로 현명한 결정을 내릴 수 있다.

마지막으로 청소년들이 '다각도 사고' 를 통해 전통적인 사고방식에서 벗어나 보다 효율적인 사고방식으로 주변에서 일어나는 모든 일에 잘 대처하길 바란다.

차 례

대립사고와 평행사고

우리의 전통적인 사고방식은 급변하는 사회의 요구를 만족시키지 못한다.

—에드워드 드 보노 *Edward de Bono*

살아가다 보면 어떤 일에 대해 얼굴을 붉히며 논쟁을 할 때가 있다. 이것은 '진리'라는 것이 꼭 어딘가에 존재하고 있다는 고정관념 때문이다. 그래서 많은 사람들은 반드시 논쟁을 통해서 그것을 찾아야 한다고 생각한다. 예를 들어 고소한 사람과 고소를 당한 사람은 법정에서 상대방의 잘못을 찾기 위해 무던히도 노력한다. 이들처럼 논쟁에 이기기 위해서 노력하며 '진리'를 찾는 것이 대립사고이다.

1 대립사고

학생들이 회의실에 모여서 이번 크리스마스 때 열릴 음악회 홍보에 관해 토론을 하고 있어요.

학생 A : 그 제안은 실현 가능성이 없어요.

학생 B : 실현 가능성이 있습니다.

학생 C : 비용이 너무 많이 들지 않을까요?

학생 B : 아니에요. 이 제안의 비용은 적당합니다.

학생 D : 과연 우리가 그 비용을 부담할 수 있을까요?

학생 B : 물론입니다. 부담할 수 있습니다.

01 우리는 무엇 때문에 다른 사람과 얼굴을 붉히며 논쟁하나요?

　□ 가. 반드시 논쟁을 통해 진리를 찾아내야 한다고 생각해서

　□ 나. 반드시 대화를 통해 진리를 찾아내야 한다고 생각해서

　□ 다. 반드시 타협을 통해 진리를 찾아내야 한다고 생각해서

　□ 라. 반드시 연구를 통해 진리를 찾아내야 한다고 생각해서

02 고소한 사람은 법정에서 어떤 마음을 가지고 있을까요?

　□ 가. 나도 잘못이 있고, 당신도 잘못이 있다.

　□ 나. 나는 잘못이 없고, 당신은 잘못이 있다.

　□ 다. 나는 잘못이 있고, 당신은 잘못이 없다.

　□ 라. 나도 잘못이 없고, 당신도 잘못이 없다.

03 대립사고의 모습을 잘 표현한 것은 무엇인가요?

　□ 가. ⇄　　　　　　　　□ 나. → →

　□ 다. → ←　　　　　　　□ 라. ← →

04 '논쟁'의 단점은 어떤 것들이 있을까요? (정답을 모두 고르세요)

　□ 가. 논쟁을 통해 다른 사람의 장점을 알 수 있다.

　□ 나. 논쟁은 서로의 힘을 북돋워준다.

　□ 다. 사물의 다른 면을 관찰했기 때문에 서로의 생각이 모두 옳을 수도 있어
　　　서 결론이 나지 않는다.

　□ 라. 논쟁에서는 일부 사람들만 주장을 펼친다.

　□ 마. 논쟁의 결과는 발전적이지 않을뿐더러 새로운 아이디어도 없다.

　□ 바. 사람들은 자기중심적으로 생각하며 언어로 사람을 공격해서 심지어 서
　　　로의 감정만 상하게 한다.

　□ 사. 서로의 능력을 향상시킨다.

　□ 아. 상대방을 억누르면서 자신감이 생긴다.

2 평행사고

어떤 2층 건물이 있다고 생각해봅시다. 건물의 앞뒤에 한 사람씩 서 있고, 좌우에도 한 사람씩 서 있으며, 1층과 2층에도 각각 한 사람씩 서 있다고 가정해봐요. 이 여섯 명은 서로 다른 각도에서 건물을 관찰하게 됩니다. 과연 누구의 말이 맞을까요? 모든 이의 말이 정답이겠죠? 이것이 바로 평행사고입니다. 이들은 서로 다른 각도에서 건물을 관찰했기 때문에 건물의 한 면만 본 거예요. 그러므로 이들 모두의 의견을 종합하면 여러 각도에서 건물을 관찰하게 되는 것이죠. 이러한 방법은 각각 동일한 사고회로를 따라 진행되기 때문에 평행선처럼 서로 교차하지 않을 뿐 아니라 충돌도 생기지 않습니다.

01 평행사고는 어떠한가요?

☐ 가. 각각 비슷한 사고회로를 따라 진행되어 평행선처럼 교차하지 않는다.

☐ 나. 각각 동일한 사고회로를 따라 진행되어 평행선처럼 교차하지 않는다.

☐ 다. 각각 반대로 된 사고회로를 따라 진행되어 평행선처럼 교차하지 않는다.

☐ 라. 모두가 같은 사고회로를 따라 진행되어 평행선처럼 교차하지 않는다.

02 평행사고의 모습을 잘 표현한 것은 무엇인가요?

☐ 가. ⇉

☐ 나. → →

☐ 다. → ←

☐ 라. ← →

03 평행사고의 장점은 무엇인가요? (정답을 모두 고르세요)

☐ 가. 금전적인 낭비를 줄일 수 있다.

☐ 나. 개인의 능력을 높일 수 있다.

☐ 다. 충돌을 줄일 수 있다.

☐ 라. 아이디어가 생긴다.

□ 마. 서로 도울 수 있다.

□ 바. 시간을 활용할 수 있다.

□ 사. 자신의 매력을 보여줄 수 있다.

□ 아. 문제에 대해 전체적으로 이해를 할 수 있다.

3 연습 : 대립사고와 평행사고 구분하기

다음 문제가 어떠한 사고인지 알아봅시다.

01 비평하기

□ 가. 대립사고

□ 나. 평행사고

02 잘못된 점 찾기

□ 가. 대립사고

□ 나. 평행사고

03 재미있는 일을 계획하기

□ 가. 대립사고

□ 나. 평행사고

04 맞는 것과 틀린 것 찾기

□ 가. 대립사고

□ 나. 평행사고

05 꾸짖기

☐ 가. 대립사고

☐ 나. 평행사고

06 논쟁하기

☐ 가. 대립사고

☐ 나. 평행사고

07 서로 돕기

☐ 가. 대립사고

☐ 나. 평행사고

08 서로 충돌

☐ 가. 대립사고

☐ 나. 평행사고

09 팀 과제 결과를 토론

☐ 가. 대립사고

☐ 나. 평행사고

10 상대방의 입장에서 문제 관찰하기

☐ 가. 대립사고

☐ 나. 평행사고

11 상대방의 관점을 비판

　□ 가. 대립사고

　□ 나. 평행사고

12 생각의 다른 점을 분석

　□ 가. 대립사고

　□ 나. 평행사고

13 최대한 많은 것들을 고려하기

　□ 가. 대립사고

　□ 나. 평행사고

14 항상 같은 방향을 관찰하기

　□ 가. 대립사고

　□ 나. 평행사고

15 상대방과 비교하기

　□ 가. 대립사고

　□ 나. 평행사고

16 무엇인가 발견하기

　□ 가. 대립사고

　□ 나. 평행사고

17 무엇인가 창조하기

　□ 가. 대립사고

　□ 나. 평행사고

 제1과 학습 포인트

> ✓ 대립사고는 논쟁을 통해 진리를 찾아내고 옳고 그름을 가린다.
>
> ✓ 평행사고는 동일한 사고회로를 따라 문제를 관찰하기 때문에 평행선처럼 서로 교차하지 않는다.

2 │ 여섯 가지 생각

물에 빠져 죽지 않기 위해 수영을 배운다는 것은 말도 안 된다. 수영을 배우는 것은 물에 빠져 죽지 않기 위해서뿐만 아니라 즐거움을 위해서이기도 하다. 생각도 마찬가지이다.

– 에드워드 드 보노 Edward de Bono

성공한 CEO들은 서로 다른 관점으로 문제를 관찰한다. 실제로 같은 사건이라고 해도 긍정적인 사람과 부정적인 사람은 서로 다른 관점으로 해석한다. 마찬가지로 온화한 사람과 냉정한 사람도 다를 수 있다. 그러므로 같은 사물에 대해서 여러 각도로 볼 수 있어야 한다. 그렇게 함으로써 문제의 원인을 찾고 해결하는 것이다.

1 다각도 사고

'역할극 놀이'라는 것을 알고 있나요? 이 놀이를 통해 재미있게 다른 사고를 연습할 수 있어요. 극중에서 맡은 역할을 통해 우리는 그 인물의 사상, 입장, 견해와 행동을 다시 한 번 생각하게 됩니다. 그래서 이러한 과정은 우리가 현실적인 생각을 하도록 도와주고 자신의 편견도 바로 잡아주죠. 같은 문제에 대해 여러 가지 입장에서 관찰한다는 것은 여러 사람과 동일한 문제를 토론하는 것과 같거든요. 그래서 다각도로 사고하게 되면 문제를 전체적, 체계적으로 이해하고 현명한 결정을 내릴 수 있습니다.

01 성공한 CEO들은 어떤 특징이 있나요?

　□ 가. 상반된 관점으로 문제를 관찰한다.

　□ 나. 비슷한 관점으로 문제를 관찰한다.

　□ 다. 서로 다른 관점으로 문제를 관찰한다.

　□ 라. 같은 관점으로 문제를 관찰한다.

02 상반된 성격을 보여주는 것은 무엇인가요?(정답을 모두 고르세요)

　□ 가. 진보와 보수

　□ 나. 체계적인 것과 정리가 되지 않은 것

　□ 다. 긍정과 부정

　□ 라. 온화한 것과 냉정한 것

　□ 마. 겸손과 거만

　□ 바. 연약과 허약

03 다음 중 무엇을 통해 다른 사람들의 입장을 생각할 수 있을까요?

　□ 가. 역할극을 통해

　□ 나. 여러 가지 놀이를 통해

　□ 다. 학교 수업을 통해

　□ 라. 성격을 고침으로써

04 다각도 사고의 장점은 무엇인가요?(정답을 모두 고르세요)

　□ 가. 편견을 없앤다.

　□ 나. 감정을 억제한다.

　□ 다. 자신감을 키운다.

　□ 라. 여러 사람들의 입장을 관찰한다.

　□ 마. 체계적이고 현명한 결정을 내린다.

　□ 바. 현실감 있는 생각을 갖게 한다.

□ 사. 전체적으로 이해한다.

□ 아. 창의력을 향상시킨다.

2 어떻게 생각하면 될까?

만약 여러분이 집에서 공부를 하고 있을 때, 동생의 숙제도 봐주고 물건도 찾으면서 어머니와 대화를 한다면 어떻게 될까요? 아마도 무척 어려워하며 혼란에 빠질 거예요. 사고의 가장 큰 장애물은 혼란입니다. 우리는 진실을 찾고, 장점과 단점을 찾아내며, 자신의 느낌도 잘 파악해야 해요. 그래서 매번 문제에 부딪치면 간단한 개념 하나만 기억하고, 한 가지 방식으로만 생각하는 것이 좋아요. 이 과정은 컬러 프린터와 비슷해요. 프린터는 기본 색만을 이용해 섞은 뒤, 원하는 색으로 만들잖아요? 그것처럼 다각도 사고도 여러 가지 사고의 결과를 종합하여 문제를 해결하는 겁니다.

01 사고의 가장 큰 장애물은 무엇인가요?

□ 가. 혼란

□ 나. 집중

□ 다. 문제

□ 라. 방법

02 다각도 사고를 하려면 어떻게 해야 하나요?

□ 가. 매번 한 가지 방식으로 생각한다.

□ 나. 매번 여러 가지 방식으로 생각한다.

□ 다. 매번 비슷한 방식으로 생각한다.

□ 라. 매번 같은 방식으로 생각한다.

3 여섯 가지 사고유형

기본적으로 사고유형은 아래의 여섯 가지로 나눌 수 있어요.

- 객관적 사고 – 컴퓨터처럼 객관적인 사실, 수치, 자료 등으로 판단한다.
- 주관적 사고 – 풍부한 감성을 지니고 자신만의 느낌으로 표현한다.
- 부정적 사고 – 부정적인 시각으로 비판하고 의견을 적게 내놓는다.
- 긍정적 사고 – 긍정적인 시각으로 건설적인 의견을 많이 내놓는다.
- 창의적 사고 – 아이디어를 제시하고 새로운 길을 찾으며 평범하지 않다.
- 통제적 사고 – 지휘자처럼 전체를 보면서 여러 의견을 분석하고 비교한다.

다음 내용이 어떤 사고유형인지 알아봅시다.

01 당신의 충고가 도움이 되었어요.

☐ 가. 객관적   ☐ 나. 주관적

☐ 다. 부정적   ☐ 라. 긍정적

☐ 마. 창의적   ☐ 바. 통제적

02 고정관념에 얽매이지 않겠어요.

☐ 가. 객관적   ☐ 나. 주관적

☐ 다. 부정적   ☐ 라. 긍정적

☐ 마. 창의적   ☐ 바. 통제적

03 작성된 서류만으로 검사합니다.

☐ 가. 객관적   ☐ 나. 주관적

☐ 다. 부정적   ☐ 라. 긍정적

☐ 마. 창의적   ☐ 바. 통제적

04 실패할지도 모릅니다.

☐ 가. 객관적 사고 ☐ 나. 주관적

☐ 다. 부정적 ☐ 라. 긍정적

☐ 마. 창의적 ☐ 바. 통제적

05 자신의 느낌을 말해요.

☐ 가. 객관적 ☐ 나. 주관적

☐ 다. 부정적 ☐ 라. 긍정적

☐ 마. 창의적 ☐ 바. 통제적

06 최종적으로 결론을 내립니다.

☐ 가. 객관적 ☐ 나. 주관적

☐ 다. 부정적 ☐ 라. 긍정적

☐ 마. 창의적 ☐ 바. 통제적

07 사실인지 증거를 보여달라고 했어요.

☐ 가. 객관적 ☐ 나. 주관적

☐ 다. 부정적 ☐ 라. 긍정적

☐ 마. 창의적 ☐ 바. 통제적

08 실수하지 않도록 조심하세요.

☐ 가. 객관적 ☐ 나. 주관적

☐ 다. 부정적 ☐ 라. 긍정적

☐ 마. 창의적 ☐ 바. 통제적

09 파격적인 아이디어를 찾았습니다.

☐ 가. 객관적 　　☐ 나. 주관적

☐ 다. 부정적 　　☐ 라. 긍정적

☐ 마. 창의적 　　☐ 바. 통제적

10 저의 예감은 이렇습니다.

☐ 가. 객관적 　　☐ 나. 주관적

☐ 다. 부정적 　　☐ 라. 긍정적

☐ 마. 창의적 　　☐ 바. 통제적

11 여러 가지 의견을 들어봅시다.

☐ 가. 객관적 　　☐ 나. 주관적

☐ 다. 부정적 　　☐ 라. 긍정적

☐ 마. 창의적 　　☐ 바. 통제적

12 그것이 위험한 생각이라는 것을 밝힙니다.

☐ 가. 객관적 　　☐ 나. 주관적

☐ 다. 부정적 　　☐ 라. 긍정적

☐ 마. 창의적 　　☐ 바. 통제적

13 다른 사람들보다 새로운 계획을 가지고 있어요.

☐ 가. 객관적 　　☐ 나. 주관적

☐ 다. 부정적 　　☐ 라. 긍정적

☐ 마. 창의적 　　☐ 바. 통제적

14 통계 숫자를 제시합니다.

　　□ 가. 객관적　　□ 나. 주관적

　　□ 다. 부정적　　□ 라. 긍정적

　　□ 마. 창의적　　□ 바. 통제적

4 연습 : 사고유형 구분하기

다음 내용이 어떤 사고유형인지 골라보세요.

01 음악회의 예산은 이백만 원입니다.

　　□ 가. 객관적　　□ 나. 주관적

　　□ 다. 부정적　　□ 라. 긍정적

　　□ 마. 창의적　　□ 바. 통제적

02 예산을 줄이는 건 나쁜 것 같아요.

　　□ 가. 객관적　　□ 나. 주관적

　　□ 다. 부정적　　□ 라. 긍정적

　　□ 마. 창의적　　□ 바. 통제적

03 좋은 제안이지만 우리의 목표에서 벗어난 겁니다.

　　□ 가. 객관적　　□ 나. 주관적

　　□ 다. 부정적　　□ 라. 긍정적

　　□ 마. 창의적　　□ 바. 통제적

04 이 방법이 불가능하다는 것에 대해 이미 설명했잖아요!

　　□ 가. 객관적　　□ 나. 주관적

　　□ 다. 부정적　　□ 라. 긍정적

☐마. 창의적　　☐바. 통제적

05 주민들로부터 기부금을 거두어보는 건 어떤가요?

☐가. 객관적　　☐나. 주관적

☐다. 부정적　　☐라. 긍정적

☐마. 창의적　　☐바. 통제적

06 이 문제에 대해 다시 한 번 토론해봅시다.

☐가. 객관적　　☐나. 주관적

☐다. 부정적　　☐라. 긍정적

☐마. 창의적　　☐바. 통제적

07 이 일은 너무 어려워요.

☐가. 객관적　　☐나. 주관적

☐다. 부정적　　☐라. 긍정적

☐마. 창의적　　☐바. 통제적

08 우리는 꼭 성공할 거예요.

☐가. 객관적　　☐나. 주관적

☐다. 부정적　　☐라. 긍정적

☐마. 창의적　　☐바. 통제적

09 그것은 위험하지 않을까요?

☐가. 객관적　　☐나. 주관적

☐다. 부정적　　☐라. 긍정적

☐마. 창의적　　☐바. 통제적

10 지금 무엇을 할 수 있는지 생각해봤습니다.

- □ 가. 객관적
- □ 나. 주관적
- □ 다. 부정적
- □ 라. 긍정적
- □ 마. 창의적
- □ 바. 통제적

11 저는 그것이 실행될 수 없음을 직감적으로 알았어요.

- □ 가. 객관적
- □ 나. 주관적
- □ 다. 부정적
- □ 라. 긍정적
- □ 마. 창의적
- □ 바. 통제적

12 과연 괜찮을지 걱정되는군요.

- □ 가. 객관적
- □ 나. 주관적
- □ 다. 부정적
- □ 라. 긍정적
- □ 마. 창의적
- □ 바. 통제적

13 원가가 이미 10%가 올랐습니다.

- □ 가. 객관적
- □ 나. 주관적
- □ 다. 부정적
- □ 라. 긍정적
- □ 마. 창의적
- □ 바. 통제적

14 외국어를 유창하게 하는 것은 큰 도움이 됩니다.

- □ 가. 객관적
- □ 나. 주관적
- □ 다. 부정적
- □ 라. 긍정적
- □ 마. 창의적
- □ 바. 통제적

15 만약 우리가 입장료를 높이면 어떨까요?

- □ 가. 객관적
- □ 나. 주관적
- □ 다. 부정적
- □ 라. 긍정적
- □ 마. 창의적
- □ 바. 통제적

16 그 사람은 이곳에서 20년을 근무했어요.

　　□ 가. 객관적　　　□ 나. 주관적　　　□ 다. 부정적

　　□ 라. 긍정적　　　□ 마. 창의적　　　□ 바. 통제적

17 그 광고는 마음에 들지 않아요.

　　□ 가. 객관적　　　□ 나. 주관적　　　□ 다. 부정적

　　□ 라. 긍정적　　　□ 마. 창의적　　　□ 바. 통제적

18 판매량이 두 배로 늘었습니다.

　　□ 가. 객관적　　　□ 나. 주관적　　　□ 다. 부정적

　　□ 라. 긍정적　　　□ 마. 창의적　　　□ 바. 통제적

19 예정대로 진행되고 있는지 걱정입니다.

　　□ 가. 객관적　　　□ 나. 주관적　　　□ 다. 부정적

　　□ 라. 긍정적　　　□ 마. 창의적　　　□ 바. 통제적

20 큰 변화를 주는 것이 어떨까요?

　　□ 가. 객관적　　　□ 나. 주관적　　　□ 다. 부정적

　　□ 라. 긍정적　　　□ 마. 창의적　　　□ 바. 통제적

21 이 문제로 인해 서로 더욱 가까워질 수 있습니다.

　　□ 가. 객관적　　　□ 나. 주관적　　　□ 다. 부정적

　　□ 라. 긍정적　　　□ 마. 창의적　　　□ 바. 통제적

22 이 제품은 많은 소비자가 기대하고 있어요.

□ 가. 객관적   □ 나. 주관적   □ 다. 부정적

□ 라. 긍정적   □ 마. 창의적   □ 바. 통제적

23 완전히 다른 방안을 시도해보는 건 어때요?

□ 가. 객관적   □ 나. 주관적   □ 다. 부정적

□ 라. 긍정적   □ 마. 창의적   □ 바. 통제적

24 우리 반 학생은 총 28명입니다.

□ 가. 객관적   □ 나. 주관적   □ 다. 부정적

□ 라. 긍정적   □ 마. 창의적   □ 바. 통제적

🚌 제 2과 학습 포인트

✓ 다각도 사고는 서로 다른 각도에서 문제를 관찰하는 것이다.

✓ 역할극을 통해 다른 사람이 가진 생각과 입장, 견해를 알 수 있다.

✓ 문제에 대한 혼란을 피하기 위해 한 번에 한 가지 방법으로 관찰한다.

✓ 여섯 가지 사고유형

• 객관적   • 주관적   • 부정적   • 긍정적   • 창의적   • 통제적

객관적으로 생각하기(1)

자료가 많은 것도 좋지만 우리에게 필요한 자료가 무엇인지 아는 것이 더욱 중요하다.

– 에드워드 드 보노 *Edward de Bono*

우리가 생각을 할 때 자료는 매우 중요하다. 자료가 없으면 사고할 수 없기 때문이다. 일상생활을 한번 살펴보자. 옷을 사거나 여행을 가는 작은 일부터 대학에 진학하고 직업을 가지며 이사를 하는 큰 선택까지 우리는 자료를 통해 선택을 할 수 있다.

1 어떤 자료가 필요한가?

다음 문제에 따라 필요한 자료를 선택해보세요. (정답을 모두 고르세요)

01 친구를 대신하여 여행을 준비합니다.

□ 가. 여행에 필요한 교통수단

□ 나. 여행지의 날씨

□ 다. 여행자들의 학력 수준

□ 라. 여행지의 시설

□ 마. 선생님들의 성격

□ 바. 여행 참가인원수

□ 사. 여행 참가자의 영어실력

□ 아. 기타 ＿＿＿＿＿＿＿＿

02 아이에게 장난감을 사줍니다.

□ 가. 아이의 머리색깔 □ 나. 아이의 나이

□ 다. 아이의 체중 □ 라. 아이의 성별

□ 마. 아이의 얼굴 □ 바. 아이의 취미

□ 사. 아이의 학업성적 □ 아. 기타_____

03 물건 판매 관련 아르바이트를 합니다.

□ 가. 제품의 판매가격 □ 나. 작업의 특성

□ 다. 작업장소 □ 라. 제품홍보

□ 마. 작업시간 □ 바. 작업환경

□ 사. 시간당 받는 돈 □ 아. 기타_____

04 잃어버린 손목시계를 찾습니다.

□ 가. 언제 구매했는가?

□ 나. 마지막으로 착용했을 때는 언제인가?

□ 다. 마지막으로 어디에서 착용했는가?

□ 라. 시계 가격은 얼마인가?

□ 마. 어디에 갔었나?

□ 바. 다른 사람에게 빌려준 건 아닌가?

□ 사. 시계는 누가 주었는가?

□ 아. 기타_____

05 많은 학생들이 자신의 물건을 도난당했다고 말합니다.

□ 가. 몇 명의 학생들이 물건을 도난당했는가?

□ 나. 언제 도난당했는가?

□ 다. 그들은 물건을 어떻게 보관하는가?

□ 라. 이전에도 이런 일이 있었는가?

□마. 어떤 물건이 주로 도난당했는가?

□바. 학생들은 어느 반인가?

□사. 학생들은 어떤 취미가 있는가?

□아. 기타＿＿＿＿＿＿＿＿＿＿

06 학교 동아리를 위해 무료로 홍보 포스터를 만들려고 해요.

□가. 활동 예산

□나. 포스터 크기

□다. 활동 상황

□라. 활동 목적

□마. 활동 대상

□바. 활동 기간

□사. 깨끗한 배치

□아. 기타＿＿＿＿＿

07 독후감을 씁니다.

□가. 책 무게

□나. 책의 내용

□다. 책의 장식

□라. 자신만의 감상

□마. 작가 생애와 내용의 관계

□바. 책 크기

□사. 사용 글씨체

□아. 기타＿＿＿＿＿＿＿

2 자료를 어떻게 찾을 것인가?

다음 문제에 제시된 것은 어떻게 자료를 찾으면 될까요? (정답을 모두 고르세요)

01 TV 프로그램 편성표

☐ 가. 인터넷

☐ 나. 컴퓨터 CD

☐ 다. 신문

☐ 라. 녹화테이프

☐ 마. TV관련 잡지

☐ 바. 박물관

☐ 사. 텔레비전 방송국

☐ 아. 기타_____

02 일기예보

☐ 가. 백과사전

☐ 나. 천문대

☐ 다. 인터넷

☐ 라. 만화책

☐ 마. 라디오 방송국

☐ 바. 텔레비전 방송국

☐ 사. 사전

☐ 아. 기타_____

03 애완동물을 기르는 법

☐ 가. 변호사협회

☐ 나. 수의사협회

□ 다. 동물보호협회

□ 라. 도서관

□ 마. 인터넷

□ 바. 부동산 잡지

□ 사. 컴퓨터 CD

□ 아. 기타_____

04 농구선수의 소개자료

□ 가. 영양관리사

□ 나. 선수의 담당코치

□ 다. 박물관

□ 라. 인터넷

□ 마. 농구협회

□ 바. 항공회사

□ 사. 농구잡지

□ 아. 기타_____

05 음식의 칼로리 함량

□ 가. 영양관리사

□ 나. 경제신문

□ 다. 다이어트 책

□ 라. 건축사

□ 마. 의사

□ 바. 인터넷

□ 사. 여행사

□ 아. 기타_____

06 영어 단어의 뜻

　　□ 가. 영어 선생님

　　□ 나. 방송국

　　□ 다. 공항

　　□ 라. 사전

　　□ 마. 인터넷

　　□ 바. 전자사전

　　□ 사. 천문대

　　□ 아. 기타_____

07 비행기 시간표

　　□ 가. 여행사

　　□ 나. 도서관

　　□ 다. 항공회사

　　□ 라. 친구

　　□ 마. 공항

　　□ 바. 백과사전

　　□ 사. 컴퓨터 전문가

　　□ 아. 기타_____

 제 3과 학습 포인트

> ✓ 생활에서 크고 작은 일을 처리할 때는 모두 관련 자료가 필요하다.
>
> ✓ 자료를 찾을 때 알아야 할 두 가지 문제
>
> 　　1. 어떤 자료가 필요한가?　　　2. 자료를 어떻게 찾을 것인가?

4 객관적으로 생각하기(2)

자료 수집과 기초 자료의 보완은 사고의 중요한 부분이다.

-에드워드 드 보노 Edward de Bono

객관적인 사람은 자료만 제공하는 컴퓨터와 같다. 오로지 객관적으로 보고, 감정이 없으며 어떤 의견이나 판단, 느낌 등을 제시하지 않는다.

1 사실과 느낌

만약 어떤 문제에 대해 자신의 느낌을 말한다면 여러분은 주관적인 사람입니다. 하지만 사실만을 말한다면 객관적인 사람입니다. 이들은 자신의 의견을 절대 넣지 않습니다. 만약 그렇게 한다면 객관적인 성격을 잃고 실제로 문제를 해결할 때도 큰 영향을 미치게 될 테니까요.

01 객관적인 사람은 무엇을 중요하게 생각하나요?

☐ 가. 자료와 느낌

☐ 나. 사실과 의견

☐ 다. 판단과 해석

☐ 라. 사실과 자료

37

02 객관적인 사람은 어떤 특징이 있나요?

　□ 가. 감정적이다

　□ 나. 중립적이다

　□ 다. 편안하다

　□ 라. 공평하다

03 주관적인 사람은 무엇을 중요하게 생각하나요? (정답을 모두 고르세요)

　□ 가. 다른 사람의 의견

　□ 나. 자신의 의견

　□ 다. 다른 사람의 해석

　□ 라. 자신의 해석

　□ 마. 다른 사람의 판단

　□ 바. 자신의 판단

　□ 사. 다른 사람의 느낌

　□ 아. 자신의 느낌

04 객관적인 사람이 절대 제출해서는 안 되는 자료에는 어떤 것이 있나요?

　□ 가. 친구의 의견과 느낌

　□ 나. 자신의 의견과 느낌

　□ 다. 가족의 의견과 느낌

　□ 라. 동료의 의견과 느낌

2 사실의 종류

　사실은 두 가지로 나눌 수가 있어요. 하나는 심사나 검사를 거친 검증된 사실이고, 다른 하나는 믿음과 견해를 바탕으로 구성된 사실이죠. 이를테면 길에서 들은 이야기, 점쟁이들로부터 들은 이야기 등 검증을 거치지 않은 내용들입니다. 우리는 반드시 충분한 자료를 가지고 문제를 분석해야 하며 마음대로 사실의 진실성을 판단해서는 안 됩니다.

01 검증된 사실은 어떤 것일까요?

□ 가. 왜곡되고 변경된 자료

□ 나. 심사와 검사를 거친 자료

□ 다. 정리와 수정을 거친 자료

□ 라. 수정과 검사를 거친 자료

02 믿음과 견해로 구성된 사실은 무엇인가요? (정답을 모두 고르세요)

□ 가. 남을 험담하다가 들은 것

□ 나. 과학적인 검증을 거친 것

□ 다. 점쟁이로부터 들은 것

□ 라. 정부의 공포문

□ 마. 길에서 들은 것

□ 바. 설문조사를 통해 얻은 것

□ 사. 보고서에서 본 것

03 다음 중 어떤 사실이 가장 믿을 만한가요?

□ 가. 자신이 믿는 사실

□ 나. 검증된 사실

□ 다. 부모님이 믿는 사실

□ 라. 확실하지 않은 사실

3 사실 찾기

확실한 근거가 있는 사실도 있지만 다른 사람으로부터 들은 소식과 자료에도 사실이 있습니다. 이들은 몰래 관찰하고 지켜보면서 사실의 증거를 많이 찾아낼 수 있다고 생각해요. 그러고는 자료에 자신만의 논리를 더해 필요했던 정보에 가깝게 만들어냅니다. 그러므로 개인의 분석과 견해가 포함되어 있어서 객관적이라고 할 수 없어요. 따라서 우리는 자료의 신뢰성과 정확성을 의심해야 해요. 이때 필요한 것이 부정적인 태도입니다.

01 사실의 진상을 알려면 어떤 방법이 좋을까요?

☐ 가. 새롭고 창의적인 방법

☐ 나. 논리적인 추리 방법

☐ 다. 창의적인 분석 방법

☐ 라. 개인의 견해와 생각

02 만약 개인의 분석과 견해가 포함된다면 과연 객관적일까요?

☐ 가. 객관적이지 않다.

☐ 나. 확실히 객관적이다.

☐ 다. 객관적일 것이다.

☐ 라. 객관적인 느낌이다.

03 자료의 신뢰성과 정확성을 의심하기 위해 필요한 태도는 무엇인가요?

☐ 가. 창의적

☐ 나. 종합적

☐ 다. 긍정적

☐ 라. 부정적

4 연습 : 객관적인 사고

다음 대화에서 객관적인 사고로 하는 말을 찾아보세요. (정답을 모두 고르세요)

01 핸드폰이 새로 출시되었어요.

　　□ 가. 한얼 : 너 핸드폰이 참 예쁘구나!

　　□ 나. 단비 : 어제 산 거야.

　　□ 다. 한얼 : 어디에서 샀어?

　　□ 라. 단비 : 새로 오픈한 ABC 핸드폰 전문점에서 샀지.

　　□ 마. 한얼 : 값이 얼마야?

　　□ 바. 단비 : 50만 원이야.

　　□ 사. 한얼 : 아, 너무 비싸다!

　　□ 아. 단비 : 디지털 카메라와 캠코더 기능도 있어.

　　□ 자. 한얼 : 또 다른 기능도 있어?

　　□ 차. 단비 : 화상통신 기능도 있어.

　　□ 카. 한얼 : 색깔이 너무 예쁘구나.

　　□ 타. 단비 : 나는 이런 색상을 좋아해.

02 시험성적이 나왔어요.

　　□ 가. 어머니 : 수학시험은 몇 점이야?

　　□ 나. 한얼 : 60점 맞았어요.

　　□ 다. 어머니 : 성적이 엉망이구나. 왜 그렇게 게으름 피웠니!

　　□ 라. 한얼 : 아니에요. 우리 반 학생들 모두가 성적이 떨어졌다고요.

　　□ 마. 어머니 : 지난번 점수는 얼마였지?

　　□ 바. 한얼 : 75점이에요.

　　□ 사. 어머니 : 벌써 올해 성적이 세 번이나 떨어졌구나.

　　□ 아. 한얼 : 수학문제가 좀 어려웠던 것 같아요.

　　□ 자. 어머니 : 내가 보기에는 네가 최선을 다하지 않은 것 같아.

　　□ 차. 한얼 : 내년에는 더 열심히 할게요.

□ 카. 어머니 : 어제 역시 수학공부를 하지 않았잖니.

□ 타. 한얼 : 깜빡했어요. 죄송해요.

 제 4과 학습 포인트

✓ 객관적인 사람은 사실과 자료만을 제시한다.

✓ 검증된 사실 : 심사와 검사를 통한 사실

✓ 믿음을 바탕으로 한 사실 : 개인의 견해와 믿음으로 구성된 사실

✓ 자료는 신뢰성과 정확성이 있어야 한다.

주관적으로 생각하기(1)

모든 선택과 결정은 결과적으로 감정에 좌우된다.

―에드워드 드 보노 *Edward de Bono*

감정이란 것은 어떤 사건이나 사람에 대한 느낌과 예감, 인상 또는 직감을 말한다. 느낌은 사실도 아니고 합리적인 추측도 아니다. 우리는 이들을 주관적인 사람이라고 한다. 이들은 개인의 감정을 전혀 반영하지 않는 객관적인 사람과 반대이다. 마치 거울처럼 여러 가지 감정과 애정, 의심, 미움, 불쾌함 등의 불확실한 것들을 그대로 드러낸다.

1 사고와 감정

여러분들은 냉정하고 객관적이며 감정의 영향을 받지 않는 사람이 올바른 사고를 한다고 생각하진 않나요? 하지만 감정 역시 사고의 한 부분으로 우리의 결정에 많은 영향을 주고 있어요. 즉 분노, 의심, 질투, 열정 등의 감정은 우리의 사고를 좌우합니다. 예를 들면 당신이 어떤 사람을 의심하게 되면 그 사람이 하는 모든 말을 의심하는 것처럼 말입니다.

01 감정이란 무엇인가요?

    ☐ 가. 어떤 사건이나 사람에 대한 견해, 추측, 직감 또는 분석

    ☐ 나. 어떤 사건이나 사람에 대한 인정, 판단, 접수 또는 의심

    ☐ 다. 어떤 사건이나 사람에 대한 확인, 분석, 판단 또는 직감

    ☐ 라. 어떤 사건이나 사람에 대한 느낌, 예감, 인상 또는 직감

02 주관적인 사람은 어떤 사람과 반대일까요?

    ☐ 가. 객관적인 사람

    ☐ 나. 창의적인 사람

    ☐ 다. 긍정적인 사람

    ☐ 라. 부정적인 사람

03 감정에 속하는 항목은 무엇인가요? (정답을 모두 고르세요)

    ☐ 가. 사랑

    ☐ 나. 학습

    ☐ 다. 분노

    ☐ 라. 슬픔

    ☐ 마. 미움

    ☐ 바. 노력

    ☐ 사. 질투

    ☐ 아. 불안

    ☐ 자. 유쾌

04 여러 가지 감정은 어디에서 나오는 걸까요?

    ☐ 가. 나의 행동   ☐ 나. 외적으로 받는 영향

    ☐ 다. 마음속   ☐ 라. 다른 사람의 행동

05 감정은 우리에게 어떤 영향을 미치나요?

　　□ 가. 사고와 결정을 좌우한다.

　　□ 나. 자신감과 자존심을 좌우한다.

　　□ 다. 자유와 꿈을 좌우한다.

　　□ 라. 이상과 행동을 좌우한다.

06 만약 어떤 사람에 대한 믿음이 사라진다면, 그 사람이 하는 말에 어떤 생각을 하게 될까요?

　　□ 가. 분노한다.

　　□ 나. 질투한다.

　　□ 다. 미워한다.

　　□ 라. 의심한다.

2 감정 활용하기

　우리는 사고과정에서 감정을 활용할 줄 알아야 합니다. 감정을 멀리한 사고는 애초부터 불가능한 거예요. 일반적으로 객관적인 과학자라고 해도 어떤 이론이나 학문에 대해서는 특수한 감정을 가지고 있지요. 또 감정이라는 것은 항상 여러 형태로 존재하는 법이죠. 서로 다른 감정이 배경으로 있기 때문이죠. 예를 들어 전쟁에 대해 분노하거나 찬성하는 것이 있겠지요. 그러므로 우리는 사고과정에서 감정의 배경을 주의하고 확인해야 합니다. 반대로 사고 역시 감정을 변화시킬 수 있어요. 만약 우리가 이전의 관점과 다르게 사물을 관찰하면 감정도 다르게 변하겠죠? 그러므로 실패한 일을 하나의 학습경험으로 여긴다면 곧 실망감이 새로운 열정으로 변하게 될 것입니다.

01 우리는 사고할 때 감정을 어떻게 처리해야 하나요?

　□ 가. 반드시 감정을 사고과정에 활용하며 감정의 배경에도 주의하고 확인해
　　　 야 한다.

　□ 나. 반드시 감정을 멀리하며 배경에 주의하고 확인할 필요가 없다.

　□ 다. 감정을 사고과정에 섞어야 하지만, 감정의 배경에 주의하고 확인할 필
　　　 요는 없다.

　□ 라. 반드시 감정과 사고과정을 분리해야 하며 감정의 배경에 특별히 주의
　　　 하고 확인한다.

02 우리가 사고할 때 감정은 어떤 상태로 있나요?

　□ 가. 마음대로 확대된다.　　□ 나. 때때로 변한다.

　□ 다. 때때로 사라진다.　　□ 라. 항상 존재한다.

03 감정의 배경이 다르면 그 결과는 어떠한가요?

　□ 가. 같을 수 없다.　　□ 나. 확정할 수 없다.

　□ 다. 무조건 같다.　　□ 라. 대체로 같다.

04 우리의 감정은 어떻게 변하나요?

　□ 가. 이전과 같은 관점으로 동일한 사물을 관찰해도 우리의 감정은 다르게
　　　 변한다.

　□ 나. 이전과 다른 관점으로 동일한 사물을 관찰하면 우리의 감정도 다르게
　　　 변한다.

　□ 다. 이전과 상반된 관점으로 동일한 사물을 관찰하면 우리의 감정도 다르
　　　 게 변한다.

　□ 라. 이전과 비슷한 관점으로 동일한 사물을 관찰하면 우리의 감정은 다르
　　　 게 변한다.

05 시험 등의 실패에서 오는 실망감을 어떻게 하면 새로운 열정으로 바꿀 수 있을 까요?

☐ 가. 그것을 인생실패의 증거로 생각한다.

☐ 나. 그것을 시험을 포기하는 이유로 생각한다.

☐ 다. 그것을 학습의 경험으로 생각한다.

☐ 라. 그것을 영원히 실패한다는 상징으로 생각한다.

3 연습 1 : 감정 선택하기

다음 항목에 대한 여러분의 감정이 어떤지 고르세요.

항목	좋아한다	좋아하지 않는다	느낌이 없다	싫어한다	두려워한다	기타
1. 게임기						
2. 과외						
3. 시험						
4. 수영						
5. 아이스크림						
6. 강아지						
7. 태풍						
8. 수학						
9. 국어						
10. 자전거 타기						
11. 음악						
12. 컴퓨터						

4 연습 2 : 나의 감정

다음 상황에 대한 자신의 감정은 어떤지 골라보세요. (정답을 모두 고르세요)

01 여러분이 좋아하는 친구가 대화를 거절했어요.

☐ 가. 실망한다.

☐ 나. 괴로워한다.

☐ 다. 슬퍼한다.

☐ 라. 기쁘다.

☐ 마. 편안하다.

☐ 바. 마음이 아프다.

☐ 사. 고독하다.

☐ 아. 기타 _____

02 아버지와 어머니께서 다투고 있어요.

☐ 가. 불안하다.

☐ 나. 걱정한다.

☐ 다. 속이 탄다.

☐ 라. 긴장한다.

☐ 마. 두렵다.

☐ 바. 괴롭다.

☐ 사. 짜증난다.

☐ 아. 기타 _____

03 저녁에 갑자기 정전되었습니다.

☐ 가. 기쁘다.

☐ 나. 짜증난다.

□ 다. 걱정한다.

□ 라. 두렵다.

□ 마. 편안하다.

□ 바. 긴장한다.

□ 사. 실망한다.

□ 아. 기타 _____

04 수영대회에서 우승했습니다.

□ 가. 흥분한다.

□ 나. 기쁘다.

□ 다. 자랑스럽다.

□ 라. 마음이 가볍다.

□ 마. 긴장한다.

□ 바. 편안하다.

□ 사. 만족한다.

□ 아. 기타 _____

 제 5과 학습 포인트

✓ 감정이란 어떤 사건이나 사람에 대한 느낌, 예감, 인상 또는 직감을 말한다.

✓ 감정은 사고의 한 부분에 속하며, 때로는 사고를 좌우한다.

✓ 사고할 때 우리는 감정의 배경에 특별히 주의하고 이해해야 한다.

✓ 사고는 감정을 변화시킬 수 있다.

6 주관적으로 생각하기(2)

성공한 과학자, 기업가, 정치인들은 모두 강렬한 예감과 직감이 있었다.

－에드워드 드 보노 *Edward de Bono*

우리는 항상 객관적으로 문제를 관찰하고자 하지만 실제로 많은 경우에 그렇지 못하다. 이는 감정이 우리의 결정과 선택에 영향을 미치기 때문이다. 사고과정에서 감정의 상태를 고려해야 동일한 문제라도 다른 시각으로 관찰할 수 있다. 만약 감정이 전혀 관련이 없다고 생각하거나 사고과정에서 제외한다면 오히려 문제가 될 것이다.

1 감정 표현

감정은 흔히 정서라고 말하며 때로는 비이성적인 사고라고도 합니다. 그러므로 주관적인 태도이며 우리의 감정을 표현할 수 있는 통로를 제공해요. 만약 사고과정에 어떤 감정도 활용하지 않는다면 심리상태는 매우 불안해지고 결과에도 영향을 미치게 될 겁니다. 주관적인 사람은 순간적인 감정으로 표현합니다. 그러므로 표현한 감정이 합리적이지 않아도 괜찮아요. 자신의 감정에 대해 깊은 연구를 하고 원인을 찾을 필요는 없으니까요.

01 감정을 사고과정에 활용하면 어떤 결과가 생길까요?

☐ 가. 동일한 문제를 상반된 시각으로 관찰할 수 있는 방법을 배운다.

☐ 나. 동일한 문제를 다른 시각으로 관찰할 수 있는 방법을 배운다.

☐ 다. 동일한 문제를 같은 시각으로 관찰할 수 있는 방법을 배운다.

☐ 라. 상반된 문제를 다른 시각으로 관찰할 수 있는 방법을 배운다.

02 감정을 사고과정에 활용하지 않으면 어떤 결과가 생길까요?

☐ 가. 심리상태가 불안해지며 기억에 영향을 미친다.

☐ 나. 심리상태가 불안해지며 사고과정에 영향을 미친다.

☐ 다. 심리상태가 불안해지며 창의성에 영향을 미친다.

☐ 라. 심리상태가 불안해지며 자신감에 영향을 미친다.

03 어떤 사람이 자신의 감정을 표현하나요?

☐ 가. 창의적인 사람

☐ 나. 긍정적인 사람

☐ 다. 부정적인 사람

☐ 라. 주관적인 사람

04 자신의 감정을 표현하기 위해 어떻게 해야 할까요? (정답을 모두 고르세요)

☐ 가. 자신의 감정을 깊이 연구한다.

☐ 나. 감정의 원인을 생각할 필요는 없다.

☐ 다. 표현한 감정은 긍정적이어야 한다.

☐ 라. 자신의 감정을 숨기지 말아야 한다.

☐ 마. 표현된 감정은 합리적이지 않아도 괜찮다.

☐ 바. 표현된 감정은 합리적이어야 한다.

2 직감과 예감

　　직감이란 것은 영감이란 뜻과 비슷하며 순간적으로 나타나는 통찰력입니다. 즉, 앞을 미리 볼 수 있는 눈을 가지고 있다는 거예요. 더 나아가 어떤 사물에 대해서도 새로운 인식을 가지게 하는 것이죠. 직감은 비이성적이거나 마음대로 추측하는 것이 아닙니다. 문제해결과 실행과정에서 쌓인 풍부한 경험을 기초로 하고 있어요. 또 다른 감각으로는 예감이란 것이 있어요. 예감이란 것은 '어떤 일이 발생할 수 있다' 는 것을 미리 느끼는 감각을 말합니다. 여기서 '어떤 일' 이란 가능한 일을 말하는 거죠. 그래서 그저 앞을 미리 볼 수 있는 것만은 아니에요. 직감과 예감은 비슷하지만 예감은 직감을 기초로 해요. 성공한 기업가, 과학자 및 정치인들의 공통된 특징은 모두 특수한 직감과 예감을 가지고 있다는 것이죠. 물론 직감과 예감이 정확히 나뉘는 것은 아니거든요. 우리는 다만 이러한 감각을 사고의 한 부분으로 여기고 문제를 판단하거나 해결하려고 할 뿐입니다.

01 직감 혹은 영감은 무엇인가요?

　　□가. 순간적으로 나타난 통찰력과 앞을 내다보는 눈으로 어떤 동물에 대해 새로운 인식을 가지게 한다.

　　□나. 순간적으로 나타난 통찰력과 앞을 내다보는 눈으로 어떤 사물에 대해 새로운 인식을 가지게 한다.

　　□다. 순간적으로 나타난 통찰력과 앞을 내다보는 눈으로 어떤 의견에 대해 새로운 인식을 가지게 한다.

　　□라. 순간적으로 나타난 통찰력과 앞을 내다보는 눈으로 어떤 식물에 대해 새로운 인식을 가지게 한다.

02 직감과 영감의 기초는 무엇인가요?

　　□가. 문제해석과 실행과정에서 쌓인 풍부한 경험

　　□나. 문제발견과 실행과정에서 쌓인 풍부한 경험

　　□다. 문제인식과 실행과정에서 쌓인 풍부한 경험

　　□라. 문제해결과 실행과정에서 쌓인 풍부한 경험

03 예감이란 무엇인가요?

☐ 가. 어떤 일이 발생할 수 있다는 감각

☐ 나. 어떤 일을 발견할 수 있다는 감각

☐ 다. 어떤 일이 발생할 수 있다는 착각

☐ 라. 어떤 일을 발견할 수 있다는 착각

04 예감은 무엇을 기초로 하나요?

☐ 가. 착각

☐ 나. 환각

☐ 다. 직감

☐ 라. 감각

05 예감했던 것이 맞게 되면 어떤 기분이 들까요?

☐ 가. 새롭고 황홀하다.

☐ 나. 신기하고 생각 밖이다.

☐ 다. 새롭고 소름이 끼친다.

☐ 라. 신기하고 믿기 어렵다.

06 직감과 예감은 어떻게 이용하면 좋을까요?

☐ 가. 문제의 판단과 해결에 절대 사용해선 안 된다.

☐ 나. 문제의 판단과 해결에 최우선적으로 이용해야 한다.

☐ 다. 문제의 판단과 해결에 참고해야 한다.

☐ 라. 문제의 판단과 해결에 절대적인 기준으로 삼아야 한다.

3 연습 1 : 주관적인 사고

다음 대화에서 어느 부분이 감정과 관련되어 있는지 살펴보세요.

(정답을 모두 고르세요)

01 약속

□ 가. 한얼 : 내일 저녁에 약속 있어?

□ 나. 단비 : 학교에서 하는 댄스파티에 참가하기로 했어.

□ 다. 한얼 : 나는 학교 대강당이 싫던데.

□ 라. 단비 : 지금은 예쁘게 꾸몄어, 그래서 나는 좋아해.

□ 마. 한얼 : 다른 친구들도 오니?

□ 바. 단비 : 친구들은 모두 참가할 거야.

□ 사. 한얼 : 내일은 꼭 소나기가 내릴 것 같은 예감이 들어.

□ 아. 단비 : 행여 그렇더라도 내일은 아주 재미있을 것 같아.

□ 자. 한얼 : 아마 넌 파티 장소도 못 찾을 거야.

02 예쁜 구두

□ 가. 단비 : 이 구두를 좀 봐! 디자인을 참 잘했지?

□ 나. 한얼 : 뭔가 잘못된 것 같아.

□ 다. 단비 : 빨간색이 정말 예쁜 걸.

□ 라. 한얼 : 가죽의 질이 엄청 떨어지는데.

□ 마. 단비 : 그렇지만 색깔과 디자인이 정말 잘 어울려.

□ 바. 한얼 : 기본 색만으로 된 건 정말 싫어.

□ 사. 단비 : 나는 밝은 색상을 좋아해.

4 연습 2 : 나의 감정

다음 상황에 대한 자신의 감정은 어떤지 골라보세요. (정답을 모두 고르세요)

01 동생이 어머니로부터 벌을 받습니다.

- □ 가. 두렵다.
- □ 나. 괴롭다.
- □ 다. 동정심이 생긴다.
- □ 라. 후회된다.
- □ 마. 걱정된다.
- □ 바. 방법이 없다.
- □ 사. 고통스럽다.
- □ 아. 기타 _____

02 시험 결과가 나왔는데 불합격이에요.

- □ 가. 상심한다.
- □ 나. 방법이 없다.
- □ 다. 실망한다.
- □ 라. 슬프다.
- □ 마. 후회된다.
- □ 바. 짜증난다.
- □ 사. 유감스럽다.
- □ 아. 기타 _____

03 내일 좋아하는 친구를 만납니다.

- □ 가. 기쁘다.
- □ 나. 흥분한다.

□다. 긴장한다.

□라. 흐뭇하다.

□마. 유쾌하다.

□바. 근심한다.

□사. 만족스럽다.

□아. 기타 _____

04 내일 중요한 시험이 있어요.

□가. 당황한다.

□나. 긴장한다.

□다. 편안하다.

□라. 즐겁다.

□마. 걱정된다.

□바. 두렵다.

□사. 기쁘다.

□아. 기타 _____

 제 6과 학습 포인트

> ✓ 감정을 사고과정에 활용해야만 동일한 문제도 다른 시각에서 관찰할 수 있다.
>
> ✓ 주관적인 태도는 우리의 감정을 표현할 수 있는 통로를 만들어준다.
>
> ✓ 자신의 개인적인 정서는 연구하거나 원인을 따질 필요가 없다.
>
> ✓ 직감은 문제의 해결과 실행과정에서 쌓인 경험을 바탕으로 나타난 통찰력과 앞을 보는 눈을 말한다.
>
> ✓ 예감이란 '어떤 일이 발생할 수 있다' 는 감각이다. 예감은 직감을 기초로 한다.

부정적으로 생각하기 (1)

부정적인 사고방식이 실수와 위험을 미리 막기 때문에 가장 가치 있는 사고방식이라고도 할 수 있다.

－에드워드 드 보노*Edward de Bono*

'한 번 실수는 평생 간다'는 속담은 다시는 되돌릴 수 없는 실수를 범했다는 뜻이다. 이와 같이 심각한 실수를 피하기 위해서는 반드시 동물과 같은 경각심과 조심성을 가져야 한다. 어떤 것이 위험한 것이고, 어떤 것이 필요 없는 것인지 판단해야 사건에 대한 결과도 예측할 수 있다.

1 부정적인 사고

부정적인 사고 역시 사고방식의 중요한 부분입니다. 이러한 사고방식은 문제에 대한 해결방법이 실행 불가능한지 문제점은 없는지 적합하지 않은지를 논리적으로 그리고 체계적으로 분석합니다. 물론 이 사고는 소극적인 면을 나타내기도 하지만 우리의 주의력을 집중시켜 문제점, 위험성, 장애요소 및 취약점을 찾아낼 수 있도록 도와줍니다.

01 부정적 사고란 무엇인가요?

☐ 가. 어떤 방법의 실행 불가능성, 문제점 및 부적합성을 지적한다.

☐ 나. 어떤 방법의 실행 불가능성, 문제점 및 적합성을 지적한다.

☐ 다. 어떤 방법의 실행 불가능성, 문제점 및 정확성을 지적한다.

☐ 라. 어떤 방법의 실행 불가능성, 정확한 점 및 부적합성을 지적한다.

02 '한 번 실수는 평생 간다'라는 말의 의미는 무엇인가요?

☐ 가. 간단한 실수를 했다.

☐ 나. 알 수 없는 실수를 했다.

☐ 다. 되돌릴 수 없는 실수를 했다.

☐ 라. 아주 작은 실수를 했다.

03 어떻게 하면 큰 실수를 하지 않을까요?(정답을 모두 고르세요)

☐ 가. 사건의 결과를 예측한다.

☐ 나. 결과의 원인을 추측한다.

☐ 다. 주의력을 집중한다.

☐ 라. 능력을 유지한다.

☐ 마. 조심한다.

☐ 바. 위험한 것을 미리 알아야 한다.

04 부정적인 사고는 어떻게 해야 하나요?

☐ 가. 정서적으로 해석해야 한다.

☐ 나. 실제 상황에 맞게 해석해야 한다.

☐ 다. 표준적으로 해석해야 한다.

☐ 라. 논리적으로 해석해야 한다.

05 부정적인 사고가 우리에게 줄 수 있는 것은 무엇인가요? (정답을 모두 고르세요)

　□가. 문제를 파악할 수 있다.

　□나. 결과를 얻을 수 있다.

　□다. 장애를 알아볼 수 있다.

　□라. 이론적 근거를 찾을 수 있다.

　□마. 위험을 예측할 수 있다.

　□바. 원인을 찾을 수 있다.

　□사. 증거를 찾을 수 있다.

　□아. 약점을 찾을 수 있다.

2 부정적 사고의 용도

- 예측하기 – 어떤 영향을 줄까? 어떤 위험과 결과가 있을까?
- 결점 찾기 – 단점은 무엇인가? 약점은 무엇인가? 어려움은 무엇인가?
- 적용가능성 – 법, 자신의 목표, 경험, 가치 및 기준에 부합하는가?
- 실행가능성 – 실행가능성 및 그에 따른 역할은 어떠한가? 성공할 수 있을까?
- 증거 심사 – 주장과 관점을 뒷받침하는 증거의 정확성 여부를 심사한다.

01 다음 중 부정적 사고에 해당하는 것은 무엇인가요?(정답을 모두 고르세요)

　□가. 뚜렷한 뜻이 있는가?

　□나. 결점을 찾는다.

　□다. 방향을 찾는다.

　□라. 적용할 수 있는가?

　□마. 확실한 증거가 있는가?

　□바. 원인을 찾는다.

　□사. 위험을 예측한다.

　□아. 실행가능한가?

02 적용가능성은 어떤 내용을 따져봐야 하나요? (정답을 모두 고르세요)

☐ 가. 법률 규정   ☐ 나. 법률 해석

☐ 다. 자신의 목표   ☐ 라. 다른 사람의 목표

☐ 마. 다른 사람의 경험   ☐ 바. 자신의 경험

☐ 사. 자신의 가치   ☐ 아. 자신의 기준

03 '증거 심사' 란 무엇인가요?

☐ 가. 주장과 관점을 뒷받침하는 증거의 유효성 여부를 심사한다.

☐ 나. 주장과 관점을 뒷받침하는 증거의 적용가능성 여부를 심사한다.

☐ 다. 주장과 관점을 뒷받침하는 증거가 있는지 확인한다.

☐ 라. 주장과 관점을 뒷받침하는 증거의 정확성 여부를 심사한다.

3 연습 1 : 부정적인 사고

다음 대화에서 부정적인 사고로 하는 말을 찾아보세요.(정답을 모두 고르세요)

01 학생들의 과외지도

☐ 가. 담임 : 성적이 좋은 학생들을 뽑아서 성적이 나쁜 학생들에게 과외지도를 하고자 합니다.

☐ 나. 교장 : 성적이 좋은 학생들이 과연 적극적으로 할까요?

☐ 다. 담임 : 참여한 학생들의 성적표에 칭찬의 글을 적어주겠습니다.

☐ 라. 교장 : 학생들이 잘 가르칠 수 있을까요?

☐ 마. 담임 : 제가 생각하기로는 좋은 교육방법입니다.

☐ 바. 교장 : 어떤 학부모들은 자녀들의 시간을 낭비한다고 동의하지 않을 수도 있어요.

☐ 사. 담임 : 물론 학생이 가르치지만 스스로도 능력을 향상시킬 수 있는 좋은 기회라고 학부모를 설득하겠습니다.

☐ 아. 교장 : 어떻게 관리할 생각입니까?

□자. 담임 : 제가 가끔 교실을 돌아보겠습니다.

□차. 교장 : 가르치는 학생들이 거만해지지 않을까요?

□카. 담임 : 제가 그들과 이 문제를 두고 고민해볼 것입니다.

02 아버지의 충고

□가. 한얼 : 대학교에 가면 기숙사에서 살고 싶어요.

□나. 아버지 : 그러면 돈이 너무 많이 들지 않느냐?

□다. 한얼 : 아르바이트를 해서 용돈을 벌겠어요.

□라. 아버지 : 집안 일은 어떡하고?

□마. 한얼 : 이것이 자립심을 키울 수 있는 좋은 기회란 말이에요.

□바. 아버지 : 그러면 엄마가 너를 보살펴줄 수 없잖니?

□사. 한얼 : 그때가 되면 저는 성인이에요. 저 스스로 보살필 수 있어요.

□아. 아버지 : 너도 어느덧 독립생활을 하게 되었구나.

4 연습 2 : 문제 찾기

다음 상황을 보면서 어려움이나 문제가 될 것을 찾아보세요.

01 인구노령화로 인한 과중한 의료부담을 줄이기 위해 정부는 국민들로부터 더욱 많은 의료보험료를 걷을 예정입니다.

_____

_____

_____

_____

_____

_____

02 학생들의 시험 부담을 줄이기 위해 모든 시험을 폐지할 예정이에요.

_____

_____

_____

_____

_____

_____

 제 7과 학습 포인트

> ✓ '한 번 실수는 평생 간다' 는 말을 명심하고, 우리는 항상 주의하고 조심해야 한다.
>
> ✓ 부정적인 사고는 우리의 집중력을 높이고 어려움이나 위험요소 및 약점을 찾도록 도와준다.
>
> ✓ 부정적 사고의 5가지 용도
>
> - 예측하기 　　　 • 결점 찾기 　　　 • 적용가능성
> - 실행가능성 　　 • 증거심사

부정적으로 생각하기(2)

어떤 생각을 비판함으로써 개선할 수는 있지만 새로운 생각을 만들어낼 수는 없다. 이것이 바로 부정적 사고만으로는 부족하다는 것이다.

– 에드워드 드 보노 *Edward de Bono*

부정적 사고의 주된 임무는 생각의 잘못을 찾아내는 것이다. 부정적인 사고는 미운 것과 나쁜 것을 모두 실수로 간주한다. 이러한 사고가 존재하지 않는다면 어떠한 일처리에서도 어려움과 위험이 뒤따를 것이다.

1 부정적 사고의 활용

부정적인 사람은 실행 불가능성이나 실수가 나타날 가능성을 지적합니다. 우리들이 가진 경험은 모두 다르지만 부정적인 사람은 자신의 개인적 경험을 바탕으로 그 타당한 이유를 제시해요. 그래서 많은 이들이 쉽고 간단하게 사용합니다. 미래에 발생 가능한 위험한 문제를 지적하기 위해 그들은 다른 사람들의 경험, 진행과정을 보면서 미래를 분석합니다. 또한 상상력을 동원하여 결과를 예측하지요. 즉 사건이 발생한 다음 나타날 결과를 추측하는 겁니다. 예를 들면 법을 강화하면 범죄율은 줄지만 범죄의 정도는 더 심각해진다고 해요. 그 이유는 범인이 다시 잡히지 않기 위해 더욱 흉악한 범죄를 저지르기 때문이랍니다.

01 부정적 사고의 특징은 무엇인가요?

　　□가. 가장 즐겁게 사용된다. 　　　　□나. 가장 쉽고 널리 사용된다.

　　□다. 가장 쉽고 간단하게 사용된다. 　□라. 가장 어렵고 복잡하다.

02 부정적 사고를 뒷받침하는 것은 무엇인가요? (정답을 모두 고르세요)

　　□가. 문제에 대한 정확한 분석 　□나. 자신의 경험

　　□다. 근거없는 헛소문 　　　　　□라. 믿을 만한 자료

　　□마. 자신의 느낌 　　　　　　　□바. 믿을 만한 사실

　　□사. 다른 사람의 경험 　　　　　□아. 문제의 진행과정

03 부정적인 태도는 무엇인가요?

　　□가. 사건이 발생하기 전에 문제의 원인을 생각하는 것

　　□나. 사건이 발생한 다음 나타날 문제를 해결하는 것

　　□다. 사건이 발생한 다음 나타날 결과를 추측하는 것

　　□라. 사건이 발생하기 전에 있었던 현상을 말하는 것

04 부정적 사고는 어떤 능력으로 결과를 예측하나요?

　　□가. 분석력 　　　□나. 사고력

　　□다. 상상력 　　　□라. 판단력

05 법을 강화하면 어떤 결과가 나타날까요?

　　□가. 더욱 흉악한 범죄를 저지르려는 범인이 없어진다.

　　□나. 어떤 범죄든지 저지르려는 범인이 없어진다.

　　□다. 더 많은 범인들이 작은 범죄를 저지를 것이다.

　　□라. 더 많은 범인들이 더욱 흉악한 범죄를 저지를 것이다.

CHAPTER 8

2 부정적 사고의 남용

부정적 사고는 마치 음식을 섭취하는 것과 같이 매우 중요한 거예요. 음식은 우리의 생명을 유지하는 필수품이지만 너무 많이 먹으면 비만이 되고 건강을 해치게 됩니다. 이처럼 부정적 사고를 너무 많이 하게 되면 나쁜 결과가 나타납니다. 이렇게 너무 많이 이용하는 것을 '남용'이라고 해요. 부정적 사고의 남용 원인은 다른 사람의 생각을 비판하는 것이 자신의 생각을 내놓는 것보다 쉽기 때문이에요. 마음잡고 흠집을 내려고 하면 어떤 일에서든지 결점을 찾아낼 수 있으니까요. 그리고 어떤 사람들은 다른 사람을 비판함으로써 자신의 가치와 지위를 높이려고도 해요. 공격을 가하면서 자신의 우월감을 키우는 것이죠. 반대로 다른 사람의 관점을 지지하는 사람은 왠지 실력이 떨어져 보이죠? 그래서 우리에게는 객관적인 사고가 필요한 거예요. 만약 우리가 모든 일을 부정적인 사고로만 한다면 생각의 함정에 빠질 수 있습니다. 그러므로 부정적 사고와 창의적이고 긍정적이며 객관적인 사고가 함께 필요하지요. 마치 자동차의 네 바퀴 중 하나가 망가지면 차를 움직일 수 없는 것과 같아요.

01 부정적 사고의 남용이란 것은 무엇인가요?

☐ 가. 부정적 사고를 좋게 사용한다.

☐ 나. 부정적 사고를 적절하게 사용한다.

☐ 다. 부정적 사고를 너무 적게 사용한다.

☐ 라. 부정적 사고를 너무 많이 사용한다.

02 부정적 사고를 남용하게 되는 원인은 무엇인가요? (정답을 모두 고르세요)

☐ 가. 다른 사람을 공격함으로써 우월감이 생긴다.

☐ 나. 다른 사람의 관점을 비판하는 것이 관점을 내놓는 것보다 쉽다.

☐ 다. 칭찬하는 것이 공격하는 것보다 쉽다.

☐ 라. 다른 사람을 비판함으로써 자신의 위치를 높인다.

☐ 마. 다른 사람을 칭찬함으로써 자신의 위치를 높인다.

☐ 바. 어떠한 일에서나 모두 자신의 가치를 찾을 수 있다.

□사. 다른 사람을 비판함으로써 자신의 가치를 높일 수 있다.

□아. 다른 사람을 공격하면 자신감이 생긴다.

03 부정적 사고의 함정이란 무엇일까요?

□가. 오직 부정적 사고로만 후회한다.

□나. 오직 부정적 사고로만 생각한다.

□다. 오직 부정적 사고로만 반성한다.

□라. 오직 부정적 사고로만 대화한다.

3 연습 1 : 부정적 사고

다음 대화에서 부정적인 사고로 하는 말을 찾아보세요.(정답을 모두 고르세요)

01 아들의 실종

□가. 남편 : 납치되었나봐! 빨리 경찰에 신고합시다.

□나. 아내 : 조사해서 알아본 다음 경찰에 신고해야죠. 오히려 경찰이 시간을
낭비할 수도 있어요.

□다. 남편 : 여보! 창문이 열려 있어요. 창문에서 떨어진 것은 아닐까?

□라. 아내 : 아이가 그 창문을 넘어갈 수 없잖아요.

□마. 남편 : 가뜩이나 날씨가 추운데, 혼자 돌아다니다 감기에 걸리면 어쩌나.

□바. 아내 : 우리 1층에 가서 찾아봅시다.

□사. 남편 : 내가 집에서 납치범의 전화를 기다리고 있을까?

□아. 아내 : 무슨 일이 있으면 당신에게 빨리 전화할게요.

02 시험에 불합격한 단비

□가. 아버지 : 이번 시험은 잘 쳤니?

□나. 단비 : 불합격이에요. 겨우 40점 맞았어요.

□다. 아버지 : 왜 성적이 나쁜지 잘 생각해보렴.

□라. 단비 : 전 머리가 나쁜 것 같아요.

□마. 아버지 : 무슨 근거라도 있니?

□바. 단비 : 문제를 풀 때는 전혀 머리가 돌아가지 않아요.

□사. 아버지 : 그럼 오빠에게 배우렴.

□아. 단비 : 아니에요. 전 수학은 영원히 불합격일 거예요.

□자. 아버지 : 자신을 너무 낮추어 보면 안 된단다.

4 연습 2 : 어려움 찾기

다음 상황을 보면서 생길 수 있는 어려움과 위험을 찾으세요.

01 도둑 찾기

학교에서 도난사고가 자주 일어나서 도둑을 잡는 사람에게 포상을 하자고 건의가 들어왔어요.

_____

_____

_____

_____

_____

02 태권도 하기

학생들의 건강을 위해 학교에서 수업 전 30분 동안 태권도를 하는 규정을 만들었습니다.

_____

_____

_____

_____

_____

_____

 제 8과 학습 포인트

> ✓ 남의 생각을 비판하는 것이 새로운 아이디어를 내놓는 것보다 쉽다.
>
> ✓ 모든 상황을 부정적 사고로 생각한다면 우리는 함정에 빠지게 될 것
> 이다.

긍정적으로 생각하기(1)

긍정적인 사람은 가장 이상적인 미래와 최대의 이익을 상상한다.

－에드워드 드 보노 *Edward de Bono*

긍정적인 사고는 매우 중요하다. 대부분 성공한 사람들은 성공에 대한 강렬한 갈망뿐만 아니라 미래에 대해 확실하게 파악할 수 있는 눈을 가지고 있었다. 그 눈은 다른 사람들이 보지 못하는 기회와 가치를 보며, 미래의 긍정적 결과를 상상한다.

1 긍정적인 사고

부정적인 사고는 위험, 실수, 어려움을 미리 방지할 수 있도록 도움을 주죠. 반대로 긍정적인 사고는 우리에게 적극적이며 큰 포부를 가지고 꿈을 실현할 수 있도록 도와줍니다. 긍정적인 사고 역시 선택하는 태도의 하나예요. 우리가 그러한 사고를 선택하는 것은 사물이 가진 장점과 그 가치를 찾기 위함이거든요. 따라서 사물의 좋은 점을 보고 긍정적인 태도를 취하지 말고, 먼저 긍정적인 태도를 가지고 사물을 보도록 하세요.

01 성공한 사람은 성공에 대한 강렬한 갈망을 제외하고 어떤 특징이 있나요?

(정답을 모두 고르세요)

☐가. 미래에 나타날 긍정적 결과를 상상한다.

☐나. 미래에 나타날 부정적 결과를 상상한다.

☐다. 비범하게 미래를 보는 눈

□라. 비범하게 과거를 보는 눈

□마. 미래의 상황에 대해 매우 모호하다.

□바. 미래의 상황에 대해 매우 분명하다.

□사. 주변 사람들이 보지 못한 것은 보지 못한다.

□아. 주변 사람들이 보지 못한 것을 본다.

02 긍정적인 사고는 우리에게 무엇을 가져다주나요? (정답을 모두 고르세요)

□가. 희망	□나. 지혜
□다. 취미	□라. 적극성
□마. 즐거움	□바. 포부
□사. 의심	□아. 교만

03 무엇이 긍정적인 사고인가요?

□가. 사물이 가진 단점과 가격을 찾아낸다.

□나. 사물의 가진 장점과 가격를 찾아낸다.

□다. 사물의 가진 장점과 가치를 찾아낸다.

□라. 사물의 가진 단점과 가치를 찾아낸다.

04 긍정적으로 산다는 것은 어떤 것과 같나요?

□가. 도피하는 태도	□나. 선택하는 태도
□다. 신중한 태도	□라. 포기하는 태도

05 우리는 어떻게 긍정적인 태도를 취하면 될까요?

□가. 사물의 장점을 보고 긍정적인 태도를 취한다.

□나. 사물의 단점을 보고 긍정적인 태도를 취한다.

□다. 부정적인 태도로 사물의 단점을 찾는다.

□라. 긍정적인 태도로 사물의 장점을 찾는다.

2 긍정적인 사고는 무엇을 추구하는가?

긍정적인 사고는 마치 사냥꾼이 사냥감을 찾듯이 많은 이익을 보기 위해 노력하는 것이에요. 이러한 이익은 뚜렷하고 쉽게 발견할 수 있는 것이 아니라 노력해야 찾을 수 있는 것입니다. 그러므로 반드시 실천까지 해야 겠죠? 이익의 종류에는 일을 더 쉽게 하는 것과 간단하게 하는 것, 더 좋은 효과, 더 빠른 목표달성, 더 큰 성과, 더 낮은 모험, 더 낮은 원가, 더 새로운 가치 등 새로운 용도와 경험, 발명까지도 포함이 됩니다.

01 긍정적인 사고는 무엇을 위해 노력하고 있나요?
  □ 가. 이익과 손해
  □ 나. 이자
  □ 다. 이익
  □ 라. 이윤

02 긍정적인 사람이 찾는 것들의 특징은 무엇인가요?
  □ 가. 분명하지 않고 쉽게 발견할 수 없다.
  □ 나. 현실적이지 않고 발견하기 쉽다.
  □ 다. 무엇이든 발견하기 쉽다.
  □ 라. 추상적이지 않고 쉽게 발견할 수 없다.

03 우리는 무엇을 통해 문제 **01**번의 답을 얻을 수 있을까요?
  □ 가. 실천
  □ 나. 싸움
  □ 다. 속임수나 힘
  □ 라. 순서대로 정해진 일

04 긍정적인 사람이 찾아야 하는 항목들에는 어떤 것이 있나요?

(정답을 모두 고르세요)

☐ 가. 참신한 경험

☐ 나. 일을 더 쉽게 만들기

☐ 다. 더 많은 성과

☐ 라. 더 많은 부담

☐ 마. 더 좋은 효과

☐ 바. 더 낮은 원가

☐ 사. 더 낮은 성적

☐ 아. 더 빠른 목표달성

☐ 자. 새로운 용도

☐ 차. 더 적은 모험

☐ 카. 참신한 발명

☐ 타. 일을 더 나쁘게 만들기

3 연습 1 : 긍정적인 사고

다음 대화에서 긍정적인 사고로 하는 말을 찾아보세요.(정답을 모두 고르세요)

01 자전거

☐ 가. 형 : 나는 매일 자전거를 타고 학교에 다니기로 했어.

☐ 나. 동생 : 왜 그런 생각을 했어?

☐ 다. 형 : 몸이 건강해지잖아.

☐ 라. 동생 : 그러면 다른 운동을 해도 되지 않아?

☐ 마. 형 : 하지만 교통비를 절약할 수 있어.

☐ 바. 동생 : 차비 때문에 지각할 수 없어.

☐ 사. 형 : 그렇지 않아. 길거리의 경치도 감상할 수 있다고.

☐ 아. 동생 : 음, 그렇다면 나도 함께 타자. 나도 할 수 있을 것 같아.

☐ 자. 형 : 좋은 생각이야. 우리 서로 도와주면서 잘 실천해보자.

02 방학 때 하는 일

☐ 가. 형 : 이번 여름 방학에 나는 아빠 회사에 가서 일을 할 거야.

☐ 나. 동생 : 여름 방학에 왜 그 고생을 해?

☐ 다. 형 : 미리 사회를 경험해볼 수 있잖아.

☐ 라. 동생 : 어차피 대학을 졸업하면 일하게 되잖아.

☐ 마. 형 : 그렇긴 하지만 용돈을 벌 수 있잖아.

☐ 바. 동생 : 그 돈 모아서 무엇을 하려고?

☐ 사. 형 : 새 컴퓨터와 MP3를 살 거야.

☐ 아. 동생 : 그것 뿐이야?

☐ 자. 형 : 자선단체에도 돈을 기부해서 가난한 학생들의 장학금으로 쓰이도록 할 거야.

☐ 차. 동생 : 듣고 보니 정말 좋은 생각이네. 나도 같이 할래.

4 연습 2 : 장점 찾기

다음 상황을 보고 장점을 찾으세요.

01 악기를 배운다.

_____

_____

_____

_____

_____

_____

_____

02 매 학기 10시간의 사회 봉사활동을 꼭 해야 한다고 학교에서 규정했다.

_____

_____

_____

_____

_____

_____

 제 9과 학습 포인트

> ✓ 긍정적인 사고는 주변 사람들이 볼 수 없는 기회와 가치를 발견할 수 있도록 도와준다.
>
> ✓ 긍정적 사고는 하나의 선택이며 태도이다.
>
> ✓ 사물의 좋은 점을 보고 긍정적 태도를 취하는 것이 아니라 긍정적인 태도로 사물을 봐야 한다.
>
> ✓ 우리는 반드시 노력해서 이익을 찾고, 실천함으로써 이익을 얻어야 한다.
>
> ✓ 이익의 종류는 일을 더 쉽게 하는 것과 간단하게 하는 것, 더 좋은 효과, 더 빠른 목표달성, 더 큰 성과, 더 낮은 모험, 더 낮은 원가, 더 새로운 가치 등 새로운 용도와 경험, 발명까지도 포함된다.

10 | 긍정적으로 생각하기(2)

성공을 꿈꾸는 사람만이 성공할 수 있다.

-에드워드 드 보노 *Edward de Bono*

많은 사람들이 문제해결에는 조금 수동적인 태도를 보이지만 '기회 찾기'에서는 전혀 다른 모습을 보여준다. 우리는 긍정적이고 적극적인 태도로 미래를 봐야 하며, 만약 그 중에서 도전할 만한 모험을 선택했다면 우리는 그것을 '기회'라고 한다.

1 긍정적 사고의 활용

긍정적인 사고는 믿을 만한 정보, 정확한 추측, 현실적인 경험 및 합리적인 기대를 기초로 합니다. 그것을 통해 판단하고 해석하며 증명하는 것이죠. 그렇지 않으면 긍정적 사고는 오로지 '좋은 느낌'에 그칠 뿐입니다. 그러므로 긍정적인 사람은 건설적인 견해와 생각을 제시해야 하며 그래야만 일을 보다 잘 처리할 수 있습니다. 꿈과 기회에 대해 희망을 간직하는 것도 긍정적인 사람의 행동 방향이랍니다.

01 기회란 무엇인가요?

☐ 가. 긍정적이고 적극적인 태도로 도전할 만한 모험을 선택한다.

☐ 나. 진보적이고 겸손한 태도로 도전할 만한 모험을 선택한다.

☐ 다. 합리적이고 온화한 태도로 도전할 만한 모험을 선택한다.

☐ 라. 건설적이고 간절한 태도로 도전할 만한 모험을 선택한다.

02 긍정적인 평가는 무엇을 기초로 하나요? (정답을 모두 고르세요)

    ☐ 가. 진실   ☐ 나. 아름다운 추억

    ☐ 다. 개인적인 기대감   ☐ 라. 큰 꿈

    ☐ 마. 믿을 만한 정보   ☐ 바. 정확한 추측

    ☐ 사. 실질적인 경험   ☐ 아. 합리적인 기대

03 자신의 긍정적인 생각은 어떻게 할 수 있어야 하나요?

    ☐ 가. 수정과 보충   ☐ 나. 재고와 확정

    ☐ 다. 증명과 해석   ☐ 라. 지원과 수정

04 긍정적인 사람은 어떤 생각을 제시할 수 있어야 할까요?

    ☐ 가. 창의적이고 파괴적인 생각

    ☐ 나. 공격적이고 논쟁적인 생각

    ☐ 다. 보편적이고 종합적인 생각

    ☐ 라. 발전적이고 건설적인 생각

05 꿈과 기회에 대해 희망을 간직하는 것은 긍정적인 사람에게 무엇인가요?

    ☐ 가. 협력 방향   ☐ 나. 행동 방향

    ☐ 다. 수비 방향   ☐ 라. 공격 방향

2 긍정적인 사고의 남용

    긍정적인 사고는 적극적으로 미래를 꿈꾸면서 그것을 실천하는 힘을 줍니다. 하지만 너무 과도하거나 맹목적으로 생각하면 실패하게 됩니다. 예를 들어 어떤 사람들은 평생 복권 당첨을 꿈꾸고 어떤 사람들은 초현실적인 꿈과 이상이 실현되기를 바라고 있어요. 중요한 것은 행동으로 옮기는 것이고, 그와 함께 성공에 대한 기대감이 있어야 합니다. 우리는 긍정적인 사고만으로 어떤 일에 대해 성공가능성이 높거

나 낮다고 말하기보다 먼저 문제에 대해 확실히 알고 있어야 합니다. 어떤 일이든지 먼저 파악하고 대처해야지 개선이 되는 법이거든요.

01 긍정적인 사고를 과도하고 맹목적으로 하면 어떻게 되나요?

☐ 가. 초현실적인 생각이 된다.

☐ 나. 현실에 맞는 생각이 된다.

☐ 다. 현실과 같은 생각이 된다.

☐ 라. 현실과 관련 있는 생각이 된다.

02 과도하고 맹목적으로 긍정적인 사고의 결과는 무엇인가요?

☐ 가. 행복 ☐ 나. 성공

☐ 다. 실패 ☐ 라. 실업

03 다음 중 긍정적인 사고방식이 아닌 말은 무엇인가요?

(정답을 모두 고르세요)

☐ 가. 기다려야만 이상적인 직업을 찾을 수 있다.

☐ 나. 도박을 열심히 해야만 부자가 될 수 있다.

☐ 다. 열심히 노력한다면 꼭 성공할 수 있다.

☐ 라. 열심히 노력한다면 꼭 행운이 올 것이다.

☐ 마. 열심히 공부한다면 학위를 받을 수 있다.

☐ 바. 일생 동안 노력한다면 복권에 당첨할 수 있다.

☐ 사. 현명한 투자를 한다면 부자가 될 수 있다.

☐ 아. 자신감만 있다면 어떤 질병이든지 치료할 수 있다.

☐ 자. 열심히 운동하면 건강한 몸을 만들 수 있다.

☐ 차. 행동으로 옮기지 않아도 꿈은 현실로 된다.

04 꿈을 이루기 위해서는 무엇이 중요한가요?

□ 가. 돈을 한 푼도 쓰지 않는다.

□ 나. 고통 받은 만큼 복수한다.

□ 다. 사전에 준비한다.

□ 라. 행동으로 옮긴다.

05 긍정적인 사고방식으로 일을 평가할 때 무엇을 생각해야 하나요?

□ 가. 성공의 가능성   □ 나. 실패의 가능성

□ 다. 실수의 가능성   □ 라. 변화의 가능성

3 연습 1 : 긍정적인 사고

다음 대화에서 긍정적인 사고로 하는 말을 찾아

보세요. (정답을 모두 고르세요)

01 과외

□ 가. 단비 : 너는 어떻게 돈을 모아서 노트북을 샀어?

□ 나. 한얼 : 초등학생들에게 과외를 했어. 이곳에는 초등학생들이 많으니깐.

□ 다. 단비 : 중학생인 너한테 배운다고? 넌 너무 어리지 않니?

□ 라. 한얼 : 아니야! 내 친구들도 과외를 많이 하고 있어.

□ 마. 단비 : 그렇지 않아도 어머니께서 과외를 할 학생을 찾아준다고 하셨어.

□ 바. 한얼 : 근처에 어린 학생들이 많으니까 쉽게 과외를 찾을 수 있을 거야.

□ 사. 단비 : 넌 사촌 동생을 가르친 경험이 있으니까 더욱 유리했을 거야.

□ 아. 한얼 : 하긴 그래. 사촌 동생들을 1년 동안 가르쳤으니까. 그래서 더욱
자신감이 있었지.

02 해외유학

□ 가. 단비 : 경험도 쌓을 겸 미국에 가서 공부를 하고 싶어.

□ 나. 한얼 : 하필 왜 미국이야?

□ 다. 단비 : 미국식 영어는 쉽게 배울 수 있으니까.

□ 라. 한얼 : 또 다른 이유는 없는 거야?

□ 마. 단비 : 미국에 가면 컴퓨터 기술도 배울 수 있거든. 야후나 마이크로 소
프트 그리고 구글 등은 모두 미국회사란 말이야.

□ 바. 한얼 : 그럼 어느 대학을 선택할거니?

□ 사. 단비 : 스탠포드 대학이야. 컴퓨터계에서 세계적인 인물들은 모두 이 대
학 졸업생이거든.

4 연습 2 : 장점 찾기

다음 상황에 따라 장점을 찾아보세요.

01 전 개인 주택을 가지고 있어요.

_____

_____

_____

_____

_____

_____

02 인터넷을 통해 수업을 받아요.

_____

_____

_____

_____

_____

_____

_____

_____

 제 10과 학습 포인트

✓ 기회란 적극적이고 긍정적인 태도로 도전할 만한 모험을 선택하는 것
   이다.

✓ 긍정적인 사고는 합리적인 해석과 증명을 기초로 한다.

✓ 발전적이고 건설적인 의견은 일을 잘 처리하는 데 도움이 된다.

✓ 맹목적이고 과도한 긍정적인 사고방식은 실패를 낳는다.

✓ 성공가능성을 평가해야만 행동을 개선할 수 있다.

11 | 창의적으로 생각하기(1)

가능성이 없으면 발전도 있을 수 없다.

-에드워드 드 보노*Edward de Bono*

무엇 때문에 창의가 필요한가? 현재의 방법보다 더 간단하고 좋은 방법으로 해결할 수 있기 때문이다. 그렇다면 창의란 무엇일까? 현재의 경험을 초월하거나 또는 관습을 뛰어넘은 유용하고 새로운 아이디어이다.

1 창의적인 사고

창의적 사고란 새로운 생각과 사물을 관찰하는 방법이지요. 이것은 우리에게 낡은 생각에서 벗어나 더 훌륭한 아이디어를 발견하게 만들고 여러 가지 가능성과 가설을 제시하도록 도와줍니다. 사실 가능성이 없으면 발전할 수 없으며 가설이 없으면 우리는 새로운 시각에서 사물을 관찰할 수 없어요. 물론 창의적 사고가 우리의 창의력을 키워주거나 어떤 성과를 요구하지는 않지만, 우리가 새로운 이념과 아이디어를 개발하도록 도와줍니다.

01 창의적 사고는 왜 필요할까요? (정답을 모두 고르세요)

☐ 가. 더 효율적인 방법을 찾는다.

☐ 나. 더 좋은 방법으로 문제를 해결한다.

☐ 다. 더 적은 수확을 찾는다.

☐ 라. 현재 방법이 통하지 않을 때 도움을 준다.

☐ 마. 더 혼란스러운 방법을 찾는다.

☐ 바. 더 복잡한 처리 방법을 찾는다.

□사. 더 늦게 목표에 도달한다.

□아. 더 간단한 방법을 찾는다.

02 창의적 사고란 무엇인가요?

　　□가. 현재의 경험과 관습을 뛰어넘은 유용하고 낡은 아이디어이다.

　　□나. 현재의 경험과 관습을 뛰어넘은 유용하고 새로운 아이디어이다.

　　□다. 현재의 경험과 관습을 뛰어넘은 쓸모없고 새로운 아이디어이다.

　　□라. 현재의 경험과 관습을 뛰어넘은 유행하는 아이디어이다.

03 창의적 사고는 어떤 방법으로 하는 건가요?

　　□가. 보편적이고 민주적인 방법으로 사물을 관찰한다.

　　□나. 전통적인 방법으로 사물을 관찰한다.

　　□다. 유행하고 있는 생각과 방법으로 사물을 관찰한다.

　　□라. 참신한 생각과 방법으로 사물을 관찰한다.

04 창의적 사고는 우리에게 무엇을 제시하도록 하나요?

　　□가. 여러 가지 믿음과 가상을 제시한다.

　　□나. 한 가지 가능성과 가설을 제시한다.

　　□다. 여러 가지 가능성과 믿음을 제시한다.

　　□라. 여러 가지 가능성과 가설을 제시한다.

05 창의적인 사람의 장점은 무엇일까요?

　　□가. 열심히 새로운 이념과 아이디어를 개발한다.

　　□나. 열심히 새로운 이념과 아이디어를 분해한다.

　　□다. 열심히 새로운 이념과 아이디어를 분석한다.

　　□라. 열심히 새로운 이념과 아이디어를 판단한다.

2 창의력의 근원

창의력의 근원은 어디에 있을까요? 바로 타고난 능력 혹은 성격 등에 있습니다. 하지만 세계적으로 유명한 사고학자 토니 부잔 *Tony Buzan*의 연구에 따르면 창의력은 태어날 때부터 지니기도 하지만 다른 훈련방식과 방법을 통해 학습할 수 있다고 해요. 그러므로 많은 사람들은 일정한 수준의 창의력을 발휘할 수 있어요. 또 사람들은 각각 다른 부분에서 재능을 가지기도 하죠. 사람의 성격에 대해 '강산은 변해도 사람의 본성은 변하지 않는다' 라고 하잖아요? 하지만 창의적인 사고의 연습을 통해 창의력에 대한 태도도 바꿀 수 있는 거예요.

01 창의력의 근원은 무엇인가요? (정답을 모두 고르세요)

☐ 가. 타고난 능력   ☐ 나. 영감   ☐ 다. 계승

☐ 라. 반성   ☐ 마. 타고난 성격   ☐ 바. 구매력

☐ 사. 발굴

02 창의력은 어떻게 향상시킬 수 있을까요?

☐ 가. 창의적 방법을 바꾼다.

☐ 나. 창의적 방법을 배운다.

☐ 다. 창의적 방법을 모방한다.

☐ 라. 창의적 방법을 없앤다.

03 훈련을 통해 대다수 사람들의 창의력은 어떻게 변할까요?

☐ 가. 조금 항상 된다.   ☐ 나. 없어진다.

☐ 다. 일정한 실력을 발휘한다.   ☐ 라. 모두 끌어낸다.

04 창의력에 대한 태도는 어떻게 변화시킬 수 있을까요?

  □ 가. 창의적 사고의 실패를 통해

  □ 나. 창의적 사고의 모방을 통해

  □ 다. 창의적 사고의 연습을 통해

  □ 라. 창의적 사고의 실수를 통해

3 연습 1 : 창의적인 사고

다음 대화에서 창의적인 사고로 하는 말을 찾아보세요.(정답을 모두 고르세요)

01 학교의 전산화

  □ 가. 교장선생님 : 나는 선생님들의 행정업무 부담을 줄이기 위해 자동화시 스템을 구축해야 한다고 생각해요.

  □ 나. 담임선생님 : 그럼 학생들의 출석을 부를 필요가 없는 것인가요?

  □ 다. 교장선생님 : 나는 우선 학생들을 위해 학교 정문에 카드 자동화시스템 을 설치하여 컴퓨터로 학생들의 행적을 기록할 생각입니다.

  □ 라. 담임선생님 : 다른 용도도 있습니까?

  □ 마. 교장선생님 : 같은 방법으로 도서관에 카드 자동화시스템을 설치하면 학생들이 스스로 도서를 열람할 수 있어요.

  □ 바. 담임선생님 : 사용법을 알려주는 기계도 설치하여 쉽게 이용할 수 있으 면 좋겠군요.

  □ 사. 주임선생님 : 우리는 이러한 시스템을 설치할 경비가 너무 부족합니다.

  □ 아. 교장선생님 : 특별한 모금활동을 계획할 수 있는 것 아닙니까?

  □ 자. 주임선생님 : 다른 학교에도 성공한 사례가 있나요?

  □ 차. 교장선생님 : 자세히 연구하고 검토합시다.

  □ 카. 담임선생님 : 우리는 학생들의 의견도 들어봐야 합니다.

02 교통정체 문제해결

□ 가. 교통처장 : 한국의 교통정체는 갈수록 심해지는데 좋은 해결방안이 없나요?

□ 나. 직원1 : 전자 요금시스템을 사용하여 복잡한 시간에 지나는 차들을 기록해서 요금을 받는 것은 어떤가요?

□ 다. 직원2 : 설치비용과 관리비용이 너무 많이 들 겁니다.

□ 라. 직원3 : 복잡한 시간, 일부 도로에 대해서만 통제하면 쉽게 해결할 것이라 생각해요.

□ 마. 직원2 : 시민들의 반대도 만만치 않을 것 같아요.

□ 바. 직원1 : 10부제를 실시하는 것도 좋습니다.

□ 사. 직원2 : 이 방법이 조금 쉽게 진행이 되겠군요.

□ 아. 직원3 : 이 법규를 지키지 않는 운전자에 대해서는 어떻게 처리할까요?

□ 자. 직원2 : 감시원을 많이 배치하여 그런 차량을 감시하는 겁니다.

4 연습 2 : 방법 찾기

다음 상황을 보고 창의력을 발휘하여 해결방법을 찾아보세요.

01 여동생의 음악 소리

여동생이 듣는 음악 소리가 너무 커서
공부에 방해가 되고 있어요.

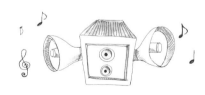

_____

_____

_____

_____

_____

02 남동생의 생일파티

남동생의 생일은 일요일이에요. 어떻게 하면 즐거운 파티가 될까요?

_____

_____

_____

_____

_____

_____

 ### 제 11과 학습 포인트

✓ 창의적인 사고는 우리에게 더 간단하고 효율적으로 문제를 해결할 수 있게 한다.

✓ 창의적 사고는 현재의 경험과 관습을 뛰어넘은 유용하고 새로운 아이디어이다.

✓ 여러 가지 가능성이 없으면 발전할 수도 없다.

12 | 창의적으로 생각하기(2)

새로운 아이디어가 없다면 영원히 과거처럼 살 것이다.

– 에드워드 드 보노 *Edward de Bono*

창의적으로 생각하는 것은 우리가 새로운 탐구와 시도를 하도록 돕는다. 새로운 시도가 언제나 성공을 보장하지는 않지만 마음속에 있는 지혜를 발휘하여 우리로 하여금 과거로부터 탈출하게 한다. 그리고 과거에 없었던 새로운 방법으로 생각하고 일을 처리하며 발명 또는 혁신을 이끌어낸다.

1 창의적 사고의 특징

창의적 사고를 한다는 것은 쉬운 일이 아니에요. 그것은 습관적으로 어떤 일의 실행 가능성과 합리성을 판단하며 과거의 경험과는 다르게 생각하기 때문입니다. 많은 사람들은 안정에만 집착한 나머지 예전에 한번 경험했던 일만 하려고 하죠. 창의적 사고는 이전에 없었던 새로운 아이디어를 만듭니다. 그것은 모험, 실험 및 탐구 등의 요소도 포함하고 있어요. 즉 창의적 사고는 우리의 정신적 성장을 돕고, 과거 지향적인 태도에서 미래 지향적인 태도로 바뀌게 합니다.

01 창의적 생각은 우리가 무엇을 하도록 돕나요?

　　□ 가. 새로운 탐구와 시도

　　□ 나. 변화와 결과 평가

　　□ 다. 문제의 판단과 분석

　　□ 라. 연구와 결과 추측

02 새로운 시도는 어떤 것에서 탈출하게 하나요?

　□가. 영리한 생각

　□나. 앞선 생각

　□다. 천재적인 생각

　□라. 과거의 생각

03 창의적 사고를 한다는 것은 쉬운 일이 아니라고 한 이유는 무엇인가요? (정답을 모두 고르세요)

　□가. 우리는 늘 습관적으로 과거의 경험을 근거로 어떤 일의 실행 가능성 여부를 판단하고 결정한다.

　□나. 우리는 늘 습관적으로 다른 사람의 경험을 근거로 어떤 일의 실행 가능성 여부를 판단하고 결정한다.

　□다. 우리는 늘 습관적으로 현재의 경험을 근거로 어떤 일의 실행 가능성 여부를 판단하고 결정한다.

　□라. 많은 사람들은 안정에만 집착한 나머지 이전에 경험했던 일만 하려고 한다.

　□마. 많은 사람들은 도전에만 집착한 나머지 이전에 경험하지 않았던 일만 하려고 한다.

　□바. 많은 사람들은 안정에만 집착한 나머지 이전에 좋아했던 일만 한다.

04 창의적 사고는 무엇을 만들 수 있나요?

　□가. 지금 존재하는 아이디어

　□나. 이전에 없었던 새로운 아이디어

　□다. 이전에 효과가 없었던 아이디어

　□라. 이미 실행했던 아이디어

05 창의에는 어떤 요소가 포함되어 있나요? (정답을 모두 고르세요)

  □ 가. 탐구

  □ 나. 반복

  □ 다. 모방

  □ 라. 모험

  □ 마. 질투

  □ 바. 규칙

  □ 사. 집착

  □ 아. 실험

06 창의적 사고는 우리를 어떻게 만들어주나요?

  □ 가. 과거 지향적인 태도로 바뀌게 한다.

  □ 나. 미래 지향적인 태도에서 과거 지향적인 태도로 바뀌게 한다.

  □ 다. 과거 지향적인 태도에서 미래 지향적인 태도로 바뀌게 한다.

  □ 라. 미래 지향적인 태도에서 멈추게 한다.

2 창의적인 사람

발전이 없는 사람들의 공통된 문제는 대체로 만족스러운 답안을 찾았다며 더 이상 나아지려고 하지 않는다는 것입니다. 반대로 창의적인 사람은 현재의 생각을 더욱 발전시켜서 더 좋은 방법을 찾기 위해 노력해요. 우리가 어떠한 일을 처리하는 방법이 있다 하더라도 그것이 최선이라고 할 수는 없어요. 이런 생각이 바로 창의적인 사람의 기본 신념입니다. 그들에게는 반드시 이런 신념이 있어야 합니다. 문제의 답도, 일을 처리하는 방식도 하나만 있는 것이 아닙니다. 또한 문제를 보는 시각도 다양하죠. 그러므로 문제만 골똘히 생각하지 말고 또 다른 유익한 방법이 있는지를 끊임없이 찾아야 합니다.

01 발전이 없는 사람들의 공통된 문제는 무엇인가요?

 ☐ 가. 만족스러운 답안을 찾았다 하더라도 더 발전하려고 한다.

 ☐ 나. 만족스러운 답안을 찾았다 하더라도 멈추지 않고 발전한다.

 ☐ 다. 만족스러운 답안을 찾았다면 더 이상 발전하려고 하지 않는다.

 ☐ 라. 만족스러운 답안을 찾았다 하더라도 멈추지 않고 계속 발전한다.

02 창의적인 사람의 태도는 어떠한가요?

 ☐ 가. 더 좋은 생각과 방법을 찾기 위해 끊임없이 발전하고 노력한다.

 ☐ 나. 더 많은 생각과 방법을 찾기 위해 끊임없이 발전하고 노력한다.

 ☐ 다. 더 황당한 생각과 방법을 찾기 위해 끊임없이 발전하고 노력한다.

 ☐ 라. 더 이상한 생각과 방법을 찾기 위해 끊임없이 발전하고 노력한다.

03 창의적인 사람이 반드시 가져야 할 신념은 무엇인가요? (정답을 모두 고르세요)

 ☐ 가. 문제를 관찰하는 시각도 다양하다.

 ☐ 나. 더 좋은 생각이 더 있다.

 ☐ 다. 점점 더 나쁜 상황이다.

 ☐ 라. 일을 처리하는 방식은 가장 좋은 하나만 있으면 된다.

 ☐ 마. 문제 하나만 있는 것이 아니다.

 ☐ 바. 문제를 바라보는 시각이 너무 많아서는 안 된다.

 ☐ 사. 일을 처리하는 방식도 하나만 있는 것이 아니다.

 ☐ 아. 문제해결의 방법이 하나만 있을 것이다.

04 창의적인 사람은 끊임없이 무엇을 찾아야 하나요?

 ☐ 가. 유익한 규칙

 ☐ 나. 유익한 충고

 ☐ 다. 유익한 방법

 ☐ 라. 유익한 놀이

3 연습 1 : 창의적인 사고

다음 중 창의적인 사람의 말은 무엇인지 찾아보세요. (정답을 모두 고르세요)

01 경비 모금

☐ 가. 회장 : 구역을 중심으로 설비 마련을 위해 좀더 많은 모금활동을 하길
바랍니다.

☐ 나. 회원1 : 요즘에는 많은 청소년들이 음악을 좋아하기 때문에 음악회를
개최할 것을 건의합니다.

☐ 다. 회원2 : 야외에서 운동회를 하면서 모금하는 것은 어떤가요?

☐ 라. 회원3 : 우리에게는 경험도, 인재도 없어요.

☐ 마. 회원2 : 우리들의 물건으로 바자회를 열어도 되지 않을까요?

☐ 바. 회원3 : 우리의 행사가 하나의 볼거리가 될 수 있을 거예요.

☐ 사. 회원1 : 정부에 신청하여 돈을 마련합시다. 이 방법이 제일 쉬워요.

☐ 아. 회원3 : 많은 시간이 걸릴 것입니다.

☐ 자. 회장 : 먼저 필요한 금액부터 알아봅시다.

02 판매 증가

☐ 가. 사장 : 요즘 두 달 동안 우리 제품의 판매량이 줄었는데, 여러분은 어떻
게 생각하나요?

☐ 나. 직원1 : 주부들이 대부분 공짜를 좋아하기 때문에 고객에게 사은품을
줄 것을 건의합니다.

☐ 다. 직원2 : 이미 많은 경쟁업체에서 사은품을 나눠주었습니다.

☐ 라. 직원1 : 인터넷을 통한 홍보는 어떻습니까? 우리 회사는 왜 인터넷 홍보
를 하지 않은 거죠? 인터넷도 새로운 판매수단이 될 수 있어요.

☐ 마. 직원3 : 우편으로 고객에게 홍보하는 것도 좋은 방법이지 않을까요?

☐ 바. 직원2 : 그러면 어떻게 결과를 알 수 있나요?

□아. 직원1 : 봉사활동을 하는 것도 또 다른 방법이지 않나요?

□자. 직원2 : 일부 동네를 청소하면서 도움을 주는 것도 좋을 것 같아요.

4 연습 2 : 방법 찾기

다음 상황을 보고 창의력을 발휘하여 해결방법을 찾아보세요.

01 음식 낭비

여동생이 항상 음식을 다 먹지 않고 버리는데 어떻게 할까요?

_____

_____

_____

_____

_____

02 연극 주제

이제 곧 학교에서 주최하는 연극제가 있을 거예요. 어떤 주제가 좋을까요?

_____

_____

_____

_____

_____

_____

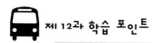 제 12과 학습 포인트

✓ 창의력을 발휘하면 새로운 탐구와 시도가 된다.

✓ 많은 사람들은 습관적으로 과거의 경험을 생각하며 어떤 일의 실행 가능성 여부를 판단한다.

✓ 지금 존재하지 않는 것 또는 이전에 없었던 새로운 제안을 한다.

✓ 창의적인 사람은 더 좋은 생각과 더 좋은 방법을 찾기 위해 노력해야 한다.

✓ 창의적인 사람은 다양한 선택의 가능성이 있다는 것을 신념으로 삼아야 한다.

통제적으로 생각하기(1)

천부적인 재능을 가지고 있는 사람들도 생각이 아주 미련할 때가 있다. 그 원인은 그들이 사고할 줄 몰라서가 아니라 생각하는 절차에 문제가 있기 때문이다.

– 에드워드 드 보노 *Edward de Bono*

성능이 아주 좋은 자동차라 하더라도 운전자가 좋은 기술이 없다면 그 차는 자신의 잠재력을 발휘할 수 없다. 마찬가지로 사람도 사고의 정확한 절차를 파악하지 못하면 좋은 사고능력을 발휘할 수 없고 현명한 결정을 내릴 수 없다.

1 통제적인 사람

통제적인 사람은 마치 오케스트라의 지휘자와도 같아요. 지휘자는 구성원들을 잘 연습시켜서 최고의 음악을 연주하도록 해주는 거잖아요? 마찬가지로 통제적인 사람은 다양한 사고를 고려하여 어떤 사고가 어떠한 순서로 활용되는지 알 수 있습니다. 또한 토론의 주제와 사고의 목표를 파악하여 사람들의 사고역할(객관적, 주과적, 부정적, 긍정적, 창의적)에 맞춰 생각합니다.

01 우리는 어떻게 해야 자신의 사고능력을 훌륭하게 발휘할 수 있을까요?

　　□ 가. 사고의 한계를 파악한다.

　　□ 나. 사고의 정확한 절차를 파악한다.

　　□ 다. 사고의 신비한 면모를 파악한다.

　　□ 라. 사고의 여러 가지 단점을 파악한다.

02 통제적인 사람은 오케스트라의 누구와 같나요?

　　□ 가. 바이올리니스트　　□ 나. 총무

　　□ 다. 지휘자　　　　　　□ 라. 피아니스트

03 통제적인 사람은 어떤 일을 할까요?

　　□ 가. 어떤 사고역할을 선택할 것인지 결정한다.

　　□ 나. 역할마다 시간이 얼마나 필요한지 생각한다.

　　□ 다. 누구나 모두 마음대로 사고하게 한다.

　　□ 라. 토론의 주제를 정한다.

　　□ 마. 새로운 방법의 단점을 찾는다.

　　□ 바. 사고의 목표를 확정한다.

　　□ 사. 역할마다 기능을 정한다.

　　□ 아. 언제 그 역할을 사용할 것인지 생각한다.

　　□ 자. 여러 가지 사고역할을 훈련한다.

　　□ 차. 사람마다의 역할에 따라 생각한다.

2 통제적 사고의 활용

　　보통 회의에서는 사회자가 통제적인 역할을 해요. 사회자가 사고의 진행을 감독하고 항상 모든 참가자들이 다섯 가지 역할(객관적, 주과적, 부정적, 긍정적, 창의적)을 잘 해야 한다고 알려줍니다. 그는 회의의 관찰자로서 전반에 걸쳐 참가자들의 표현에 주의해야 합니다. 그리고 반드시 매 시간 자세한 계획을 세워야 하고 그 다음에는 무엇을 할 것인지 결정해야 해요. 어떤 회의는 질서가 흐트러질 수 있으니 무엇보다 회의 질서를 잘 유지해야 합니다. 또한 매 순서마다 지나치게 자세히 만들어 회의가 길어지면 참가자 모두의 시간을 낭비하게 되는 거예요. 마무리 부분에서 사회자는 반드시 토론의 성과를 간단하게 설명해야 하고, 회의가 끝나기 전에는 결과를 발표해야 합니다.

01 보통 회의에서는 통제적 역할은 누가 하나요?

□ 가. 회의 사회자   □ 나. 회의 참가자

□ 다. 회의 경청자   □ 라. 회의 관찰자

02 통제적인 사람은 모든 참가자들에게 무엇을 잘 해야 한다고 말하나요?

□ 가. 네 가지 역할   □ 나. 다섯 가지 역할

□ 다. 여섯 가지 역할   □ 라. 일곱 가지 역할

03 관리자는 언제 참가자의 표현에 주의하라고 했나요?

□ 가. 회의 중간   □ 나. 회의 마지막

□ 다. 회의 시작   □ 라. 회의의 전반

04 회의의 부드러운 진행을 위해 사회자는 어떻게 해야 하나요?

□ 가. 매번 자세한 계획을 세워야 하며 항상 무엇을 할 것인지 결정해야 한다.

□ 나. 매번 자세한 계획을 세워야 하며 바로 그 전에는 무엇을 할 것인지 결정해야 한다.

□ 다. 매번 자세한 계획을 세워야 하며 바로 다음에는 무엇을 할 것인지 결정해야 한다.

□ 라. 처음에만 자세한 계획을 세워야 하며 바로 다음에는 무엇을 할 것인지 결정해야 한다.

05 사회자는 회의를 매끄럽게 진행하기 위해 어떻게 하나요?

　　□ 가. 회의를 위해 사람을 속인다.

　　□ 나. 회의를 위해 형식을 바꾼다.

　　□ 다. 회의를 위해 말을 아낀다.

　　□ 라. 회의를 위해 질서를 유지한다.

06 지나치게 순서가 자세하게 되어 있으면 어떤 결과를 가져오나요?

　　□ 가. 회의가 너무 짧아지고 소중한 시간을 낭비하게 될 것이다.

　　□ 나. 회의가 무의미해지고 소중한 시간을 낭비하게 될 것이다.

　　□ 다. 회의가 너무 길어지고 소중한 시간을 낭비하게 될 것이다.

　　□ 라. 회의가 너무 답답하고 소중한 시간을 낭비하게 될 것이다.

07 사회자는 회의가 끝나기 전 무엇을 해야 하나요?

　　□ 가. 연구를 해야 한다.　　　□ 나. 결론을 내려야 한다.

　　□ 다. 잠시 휴식을 해야 한다.　　□ 라. 평가를 해야 한다.

3 연습 1 : 통제적인 사고

다음 대화에서 통제적인 사고로 하는 말을 찾아보세요. (정답을 모두 고르세요)

01 여행 준비

　　□ 가. 한얼 : 이번 여행에 30명 정도가 신청했어요.

　　□ 나. 선생님 : 우리 함께 재미있는 단체놀이를 계획해봅시다.

　　□ 다. 단비 : 우리 반 아이들은 게임을 좋아하지 않아요.

　　□ 라. 선생님 : 단비야, 조금 긍정적으로 생각해보렴.

　　□ 마. 단비 : 그러고 보니 놀이가 즐겁게 해줄 수 있겠군요.

　　□ 바. 선생님 : 또한 협동심도 길러준다.

　　□ 사. 한얼 : 그러면 나쁜 점은 없나요?

□아. 선생님 : 놀이의 우승자에게는 선물을 주어야 하니까 돈이 드는군요.

□자. 단비 : 선물을 주지 않으면 어떨까요?

□차. 한얼 : 멋진 놀이를 생각해내는 것도 너무 어려워요.

02 과학 실험

□가. 선생님 : 오늘 실험에 대해 검토해봅시다.

□나. 단비 : 실험시간이 너무 짧았던 것 같아요.

□다. 한얼 : 실험기구들이 너무 낡았어요.

□라. 단비 : 어떤 아이들은 선생님의 말씀을 잘 듣지 않았어요.

□마. 선생님 : 우리는 이번 실험에서 무엇을 배울 수 있었나요?

□바. 단비 : 빛이 물을 통과할 때는 굴절한다는 사실?

□사. 한얼 : 그리고 빛의 속도가 빠르다는 것도 배웠잖아요.

□아. 선생님 : 그렇다면 오늘 실험에서 개선방법은 무엇이 있을까요?

□자. 단비 : 쉽게 떠오르지 않아요.

□차. 한얼 : 학교에서 설비를 교체해주면 좋겠어요.

□카. 선생님 : 네, 좋아요. 그러면 제가 이번 토론의 결과를 말할게요.

4 연습 2 : 검토하기

다음 상황에 대해 적절한 순서를 만들어보세요.

01 학생을 선발하여 학교 대항 체육대회에 참가하려 합니다.

① _____

② _____

③ _____

④ _____

⑤ _____

⑥ _____

02 여동생이 애완동물을 키우고 싶어 합니다.

① _____

② _____

③ _____

④ _____

⑤ _____

⑥ _____

제 13과 학습 포인트

✓ 정확한 사고의 절차를 알아야지 훌륭한 사고능력을 발휘할 수 있다.

✓ 통제적인 사람은 다섯 가지 사고역할을 알맞게 활용하고 충분히 능력
을 발휘하도록 돕는다.

✓ 통제적인 사람은 반드시 토론의 주제와 사고의 목표를 정해야 한다.

✓ 보통 회의에서 사회자는 통제적인 역할을 한다.

✓ 통제적인 사람은 다음에 무엇을 할 것인지 수시로 결정해야 한다.

✓ 너무 복잡하게 회의의 순서를 만들면 회의가 길어지고 결국 많은 시
간을 낭비하게 된다.

14 | 통제적으로 생각하기(2)

탐험가들이 목표를 향한 계획을 먼저 세우는 것처럼 사고를 하는 사람들도 반드시 자신의 사고 순서를 정리해야 한다.

—에드워드 드 보노*Edward de Bono*

통제적인 사람은 전체적으로 사고의 절차를 정하며 공정하고 냉정해야 한다. 컴퓨터 프로그램이 언제 무엇을 하는지 표시하는 것처럼 그들도 사고의 프로그래머와 같다. 그리고 반드시 하나하나의 자세한 절차를 마련해야 한다. 이를테면 컴퓨터의 프로그램이나 교통신호등과 같이 그 절차는 사고의 흐름을 통제하는 것이다.

1 긍정적인 사고와 부정적인 사고

부정적 사고는 가장 쉽게 사용하는 것 중 하나예요. 왜냐하면 비판하거나 파괴하는 것은 건설보다 쉽잖아요? 또한 다른 사람들을 비판함으로써 자신의 위치가 높아진다고도 생각하기 때문이죠. 그러므로 우리는 장점을 찾는 것보다 단점을 찾는 것이 더욱 쉽습니다. 만약 우리의 두뇌가 계속해서 부정적 사고만 한다면 사물의 긍정적인 면을 다시 보기 어려워요. 우리가 어떤 새로운 생각을 하거나 제안할 때, 먼저 사물의 긍정적인 면을 본 다음 그 사물의 단점을 찾는 것이 중요하죠. 이러한 일은 노력을 해야지만 가능한 것이잖아요? 그러므로 긍정적 사고가 부정적 사고보다 우선이 되도록 노력해야 합니다.

01 통제적인 사람은 어떤 특징이 있나요?

　　□가. 공정하고 부드럽다.　　　□나. 공정하고 냉정하다.

　　□다. 공정하고 편안하다.　　　□라. 공정하고 무관심하다.

02 통제적인 사람은 다음 중 어떤 역할을 하나요?

　　□가. 프로그래머　　　□나. 프로그램 훈련원

　　□다. 프로그램 사용자　□라. 프로그램 진행원

03 부정적 사고가 쉽게 사용되는 이유는 무엇일까요?

　　□가. 비판이 건설보다 쉽기 때문이다.

　　□나. 건설이 비판보다 쉽기 때문이다.

　　□다. 파괴가 비판보다 쉽기 때문이다.

　　□라. 비판이 파괴보다 쉽기 때문이다.

04 새로운 의견에 대해 긍정적 사고와 부정적 사고로 우리는 어떻게 해야 하나요?

　　□가. 상황에 따라 결정한다.

　　□나. 긍정적 사고와 부정적 사고를 동시에 한다.

　　□다. 먼저 부정적 사고로 한 다음 긍정적 사고로 한다.

　　□라. 먼저 긍정적 사고로 한 다음 부정적 사고로 한다.

05 여러분이 **04**번 문제의 답을 선택한 이유는 무엇인가요?

　　□가. 상황에 따라 어떤 사고를 할지 결정한다면 많은 지혜가 생길 것이다.

　　□나. 긍정적 사고와 부정적 사고로 동시에 접근하면 우리는 효율을 높일 것
　　　　이다.

　　□다. 먼저 부정적 사고로 접근한다면 사물의 긍정적인 면을 보기 어렵다.

　　□라. 먼저 긍정적 사고로 접근한다면 사물의 부정적인 면을 보기 어렵다.

2 창의적 사고와 긍정적 사고

긍정적 사고가 일의 장점을 찾는다면 창의적 사고는 기존의 경험을 초월하여 새로운 아이디어를 만듭니다. 비록 이 둘의 처리범위는 다르지만 긍정적 사고에서 요구하는 적극성은 창의적 사고에서도 필요로 하는 것입니다. 하지만 긍정적 사고만 하는 사람은 결코 좋은 아이디어를 낼 수 없어요. 그러나 긍정적이고 적극적인 태도를 통해 비교적 쉽게 새로운 생각을 발견할 수는 있죠. 이를 테면 긍정적 사고로 기회를 찾고 창의적 사고로 새로운 방법으로 찾는 겁니다.

01 창의적 사고는 긍정적 사고의 어떤 특징을 필요로 하나요?

☐가. 적극성 ☐나. 창조성

☐다. 부정성 ☐라. 객관성

02 긍정적이고 적극적인 태도로 일을 하면 어떤 좋은 결과가 있을까요?

☐가. 비교적 쉽게 새로운 규칙을 발견한다.

☐나. 비교적 쉽게 새로운 생각을 포기한다.

☐다. 비교적 쉽게 새로운 생각을 발견한다.

☐라. 비교적 어렵게 낡은 생각을 포기한다.

03 어떤 태도로 일을 하면 쉽게 새로운 생각을 발견할 수 있을까요?

☐가. 부정적이고 소극적인 태도 ☐나. 부정적이고 적극적인 태도

☐다. 긍정적이고 적극적인 태도 ☐라. 긍정적이고 소극적인 태도

04 우리는 창의적 사고와 긍정적 사고를 어떻게 결합하면 좋을까요?

☐가. 창의적 사고로 결점을 없애고 긍정적 사고로 기회를 찾는다.

☐나. 긍정적 사고로 결점을 없애고 긍정적 사고로 새로운 우점을 찾는다.

☐다. 긍정적 사고로 기회를 찾고 창의적 사고로 새로운 방법을 찾는다.

☐라. 창의적 사고로 기회를 찾고 긍정적 사고로 새로운 방법을 찾는다.

3 연습 1 : 관리자의 말

다음 중 관리자의 말은 무엇인지 찾아보세요. (정답을 모두 고르세요)

01 이사

☐ 가. 아버지 : 우리 함께 회의를 통해 이사 문제를 결정하도록 하자.

☐ 나. 어머니 : 그런데 우리 집에 가구 같이 큰 물건은 몇 개나 있죠?

☐ 다. 단비 : 아마 30개 정도?

☐ 라. 한얼 : 큰 물건들은 어떻게 처리해야 하나요?

☐ 마. 아버지 : 음, 주로 어떤 것들이 있지?

☐ 바. 단비 : 침대, 옷장, 피아노가 있어요.

☐ 사. 아버지 : 우선 옷장부터 옮겨야겠구나.

☐ 아. 어머니 : 이사하기 정말 어렵구나.

☐ 자. 한얼 : 먼저 옷장을 분리해서 운반하도록 해요.

☐ 차. 단비 : 이 가구들은 남겨두고 다른 사람들이 쓰도록 하면 어떨까요?

02 인테리어

☐ 가. 사장 : 이 사무실을 새로 꾸미려고 하는데 좋은 생각이 있습니까?

☐ 나. 직원1 : 저는 많은 시간과 자금을 손해 볼 것 같습니다.

☐ 다. 직원3 : 이 사무실은 너무 낡았어요.

☐ 라. 직원4 : 저는 지금 인테리어가 좋습니다.

☐ 마. 직원2 : 그러지 말고 더 좋게 바꿀 수 있는지 생각해봅시다.

☐ 바. 직원3 : 햇빛이 많이 들어오는 창문, 매끈한 마룻바닥, 넓은 탁자….

☐ 사. 직원2 : 저는 멋진 구조를 가진 사무실이 좋아요.

☐ 아. 사장 : 어떻게 배치할까요?

☐ 자. 직원1 : 먼저 설계회사를 불러 예산을 계산해보는 것은 어때요?

☐ 차. 직원2 : 추천할 만한 좋은 설계회사를 알고 있어요.

☐ 카. 직원3 : 저도 친구를 통해 찾아볼 수 있어요.

CHAPTER 14

4 연습 2 : 검토하기

다음의 상황에 대해 적절한 순서를 만들어보세요.

01 슈퍼마켓에서 물건 구매하기

① _____

② _____

③ _____

④ _____

⑤ _____

⑥ _____

02 누나를 도와 집안 청소하기

① _____

② _____

③ _____

④ _____

⑤ _____

⑥ _____

 제 14과 학습 포인트

✓ 통제적인 사람은 컴퓨터 프로그래머처럼 자세한 절차를 내놓아야 한다.

✓ 부정적 사고보다 긍정적 사고로 사물의 장점을 찾아내야 한다. 단점이 장점보다 찾기 쉽다고 해서 부정적 사고에 치우치면 안 된다.

✓ 긍정적 또는 부정적 태도로 문제를 본 다음 우리는 창의적으로 실천할 수 있다.

15 다각도 사고의 응용(1)

사고에서 최대의 적은 복잡한 것이다. 복잡한 것은 혼란을 일으키기 때문이다.

－에드워드 드 보노 *Edward de Bono*

다각도 사고를 활용하는 방법은 간단하며 사용하기 쉽다. 또한 이를 이용하여 재미있는 역할 놀이도 할 수 있다. 다각도 사고는 사고하는 사람으로 하여금 한 번에 한 가지 일만 하게 한다. 이 놀이에 참여하는 사람에게는 반드시 한 역할만을 주어야 한다. 그래서 맡은 역할의 기능을 충분히 발휘하도록 도와야 한다.

1 다각도 사고의 복습

다각도 사고를 구체적으로 응용하는 방법을 배우기 전에 우리는 반드시 이전에 배웠던 내용을 복습해야 여러 가지 방법을 활용할 수 있어야 합니다.

- 객관적－컴퓨터처럼 객관적인 사실, 수치, 자료 등으로 판단한다.
- 주관적－감정이 풍부한 사람처럼 자신만의 느낌, 직관 등으로 표현한다.
- 부정적－부정적인 시각으로 비판하고 조심스럽게 의견을 내놓는다.
- 긍정적－긍정적인 시각으로 문제를 보고 건설적인 의견을 내놓는다.
- 창의적－아이디어를 제시하고 새로운 길을 찾고 관습에서 벗어난다.

• 통제적-오케스트라의 지휘자처럼 전체를 보면서 여러 의견을 냉정하게 분석하며 비교한다.

다음 상황과 적합한 사고역할을 찾으세요.

01 저는 개선방법을 찾아봤습니다.

□가. 객관적 사고　　□나. 주관적 사고　　□다. 부정적 사고
□라. 긍정적 사고　　□마. 창의적 사고　　□바. 통제적 사고

02 토론을 위해 시간을 정했습니다.

□가. 객관적 사고　　□나. 주관적 사고　　□다. 부정적 사고
□라. 긍정적 사고　　□마. 창의적 사고　　□바. 통제적 사고

03 최신 자료를 보면서 판단합니다.

□가. 객관적 사고　　□나. 주관적 사고　　□다. 부정적 사고
□라. 긍정적 사고　　□마. 창의적 사고　　□바. 통제적 사고

04 실행가능성이 있는지 비판합니다.

□가. 객관적 사고　　□나. 주관적 사고　　□다. 부정적 사고
□라. 긍정적 사고　　□마. 창의적 사고　　□바. 통제적 사고

05 더 좋은 결과를 얻을 수 있다고 생각합니다.

□가. 객관적 사고　　□나. 주관적 사고　　□다. 부정적 사고
□라. 긍정적 사고　　□마. 창의적 사고　　□바. 통제적 사고

06 한계라고 생각하는 것에 도전했어요.

    ☐가. 객관적 사고   ☐나. 주관적 사고   ☐다. 부정적 사고

    ☐라. 긍정적 사고   ☐마. 창의적 사고   ☐바. 통제적 사고

07 발표된 의견을 전체적으로 정리했습니다.

    ☐가. 객관적 사고   ☐나. 주관적 사고   ☐다. 부정적 사고

    ☐라. 긍정적 사고   ☐마. 창의적 사고   ☐바. 통제적 사고

08 여러 가지 고정관념에서 벗어나야 합니다.

    ☐가. 객관적 사고   ☐나. 주관적 사고   ☐다. 부정적 사고

    ☐라. 긍정적 사고   ☐마. 창의적 사고   ☐바. 통제적 사고

09 토론을 할 때 질서를 유지합니다.

    ☐가. 객관적 사고   ☐나. 주관적 사고   ☐다. 부정적 사고

    ☐라. 긍정적 사고   ☐마. 창의적 사고   ☐바. 통제적 사고

10 토론의 순서를 계획합니다.

    ☐가. 객관적 사고   ☐나. 주관적 사고   ☐다. 부정적 사고

    ☐라. 긍정적 사고   ☐마. 창의적 사고   ☐바. 통제적 사고

11 마음속의 느낌을 말합니다.

    ☐가. 객관적 사고   ☐나. 주관적 사고   ☐다. 부정적 사고

    ☐라. 긍정적 사고   ☐마. 창의적 사고   ☐바. 통제적 사고

12 사람들이 미처 보지 못했던 장점을 찾았습니다.

　　　□가. 객관적 사고　　　□나. 주관적 사고　　　□다. 부정적 사고

　　　□라. 긍정적 사고　　　□마. 창의적 사고　　　□바. 통제적 사고

13 결론을 내리고 결정하도록 합니다.

　　　□가. 객관적 사고　　　□나. 주관적 사고　　　□다. 부정적 사고

　　　□라. 긍정적 사고　　　□마. 창의적 사고　　　□바. 통제적 사고

2 다각도 사고의 사용방법

우리는 일상생활에서 다각도 사고를 적절하게 활용해야 합니다. 먼저 여러 역할의 활용 순서를 정한 다음 순서에 따라 각각의 사고 역할을 적용합니다. 역할의 순서는 습관적으로 하는 것에 따를 수도 있지만 너무 집착할 필요는 없어요. 중요한 것은 사고하는 것에 많은 시간을 쓰는 것이죠. 그리고 다각도 사고에는 정확한 순서도 없습니다. 문제의 다양화와 사고하는 사람의 성격 차이에 따라서 다각도 사고의 순서는 변할 수 있어요. 일반적으로 긍정적인 사람은 행동으로 옮기기 전에 부정적인 사고를 합니다. 그리고 토론을 할 때는 통제적인 사람이 정의나 결론을 내립니다. 위의 역할들은 사고과정에서 상황에 따라 변화하는 것이므로 어떤 역할의 사고방식은 적용하지 않아도 됩니다.

다음 문제를 보며 다각도 사고의 사용방법은 무엇인지 찾아봅시다.

01 다각도 사고를 일상생활에 활용해야 합니다.

　　　□가. 예　　　　　　□나. 아니오

02 다각도 사고를 활용하기 전 역할의 순서를 정해야 해요.

　　　□가. 예　　　　　　□나. 아니오

03 우리는 사고를 할 때 습관적으로 하던 순서를 참고로 합니다.

□가. 예   □나. 아니오

04 다각도 사고는 늘 순서를 깊이 명심합니다.

□가. 예   □나. 아니오

05 다각도 사고를 할 때 정확한 순서는 없습니다.

□가. 예   □나. 아니오

06 우리는 사고하는 순서를 바꿀 수 있어요.

□가. 예   □나. 아니오

07 사고에 문제가 생기면 사고 순서를 바꿀 수 있습니다.

□가. 예   □나. 아니오

08 사고의 순서를 정하는 데 많은 시간을 써야 합니다.

□가. 예   □나. 아니오

09 다각도 사고의 순서는 수시로 바꿀 수 없습니다.

□가. 예   □나. 아니오

10 사고과정에서 여러 차례 같은 역할을 해서는 안 됩니다.

□가. 예   □나. 아니오

11 모든 사고역할을 토론에 활용해야 합니다.

　　□ 가. 예　　　　　□ 나. 아니오

12 행동 전에 평가하는 것은 부정적인 사람의 몫입니다.

　　□ 가. 예　　　　　□ 나. 아니오

13 부정적인 사고는 긍정적인 사고보다 반드시 앞서야 합니다.

　　□ 가. 예　　　　　□ 나. 아니오

14 통제적인 사람은 정의를 내리고 마지막에는 결론을 생각해야 합니다.

　　□ 가. 예　　　　　□ 나. 아니오

3 다각도 사고의 순서

　　다각도 사고는 절대적으로 고정된 역할순서를 요구하지 않아요. 그래서 우리는 어떤 문제를 만나면 여러 역할의 순서를 정하고 이를 토대로 깊은 사고를 해야 합니다.

　　다음 상황을 보면서 사고의 순서를 정해보세요.

01 그 문제가 실행가능성이 있는지 빠른 속도로 평가를 할 거예요.

　　(힌트 : 장점 찾기 – 어려움과 장애 파악 – 결론)

　　□ 가. 긍정적 사고 – 부정적 사고 – 통제적 사고

　　□ 나. 창의적 사고 – 통제적 사고 – 객관적 사고

　　□ 다. 객관적 사고 – 주관적 사고 – 통제적 사고

　　□ 라. 주관적 사고 – 객관적 사고 – 부정적 사고

02 저의 단점을 고치고 싶어요. (힌트 : 단점 찾기 – 극복 방안 찾기 – 결론)

☐ 가. 객관적 사고 – 통제적 사고 – 주관적 사고

☐ 나. 통제적 사고 – 객관적 사고 – 창의적 사고

☐ 다. 부정적 사고 – 창의적 사고 – 통제적 사고

☐ 라. 창의적 사고 – 주관적 사고 – 객관적 사고

03 우리 이 문제를 효율적으로 생각해봐요.

(힌트 : 방법 찾기 – 장점 찾기 – 단점 찾기)

☐ 가. 주관적 사고 – 긍정적 사고 – 창의적 사고

☐ 나. 객관적 사고 – 주관적 사고 – 통제적 사고

☐ 다. 통제적 사고 – 객관적 사고 – 주관적 사고

☐ 라. 창의적 사고 – 긍정적 사고 – 부정적 사고

04 좋은 기회를 찾아봅시다.(힌트 : 문제 제기 – 장점 찾기)

☐ 가. 주관적 사고 – 긍정적 사고

☐ 나. 객관적 사고 – 긍정적 사고

☐ 다. 긍정적 사고 – 창의적 사고

☐ 라. 주관적 사고 – 객관적 사고

05 제 스스로 결정할 거예요.(힌트 : 장점 찾기 – 어려움과 장애 파악 – 느낌 파악)

☐ 가. 주관적 사고 – 객관적 사고 – 통제적 사고

☐ 나. 객관적 사고 – 창의적 사고 – 주관적 사고

☐ 다. 통제적 사고 – 주관적 사고 – 객관적 사고

☐ 라. 긍정적 사고 – 부정적 사고 – 주관적 사고

06 사건이 일어난 원인이 무엇인지 알아봅시다. (힌트 : 자료 찾기 – 방법 찾기 – 결론)

　□ 가. 주관적 사고–긍정적 사고–주관적 사고

　□ 나. 객관적 사고–창의적 사고–통제적 사고

　□ 다. 통제적 사고–객관적 사고–주관적 사고

　□ 라. 긍정적 사고 – 주관적 사고 – 부정적 사고

07 최대한 실수를 피하고 싶어요.(힌트 : 자료 찾기 – 위험 파악 – 결론)

　□ 가. 객관적 사고 – 부정적 사고 – 통제적 사고

　□ 나. 통제적 사고 – 주관적 사고 – 부정적 사고

　□ 다. 주관적 사고 – 객관적 사고 – 긍정적 사고

　□ 라. 긍정적 사고 – 주관적 사고 – 객관적 사고

 제 15과 학습 포인트

✓ 우리는 사고할 때 반드시 역할의 순서를 정해야 한다.

✓ 다각도 사고의 사용은 절대적이지 않다. 정확한 순서가 없다.

✓ 시간을 사고의 순서보다 문제를 생각하는 데 쏟아야 한다.

✓ 사전에 순서를 정하여 짧은 시간에 문제에 대해 깊이 생각할 수 있어야 한다.

16 | 다각도 사고의 응용(2)

사고방식이 간단하고 쉬울수록 흥미롭고 효과가 있을 것이다.

– 에드워드 드 보노 *Edward de Bono*

다각도 사고의 장점은 우리에게 문제 전체를 관찰할 수 있게 하고 여러 역할의 이해를 돕는다는 점이다. 만약 이러한 사고방식이 없다면 우리는 쉽게 어떠한 사고방식에 얽매일 것이다. 부정적인 생각이 그 예다. 그룹 내의 전체 구성원이 다각도 사고를 한다면 최대의 효력을 발휘할 것이며 그것은 우리 모두의 공통적인 방법이 될 것이다.

1 단비의 자전거

단비가 초등학교 4학년이 되면서 혼자서 등하교를 하기 위해 아버지에게 자전거를 사달라고 했어요. 단비의 집은 학교에서 1km 밖에 안 되었거든요. 단비네 동네 사람들도 자전거를 탔지만 한 번도 사고가 난 적이 없었어요. 만약 여러분이 단비의 아버지라면 어떻게 할까요? 다각도 사고로 해결해봅시다.

01 어느 항목이 통제적인 사람이 한 질문일까요?

☐ 가. 새 자전거를 사서 단비에게 줄까?

☐ 나. 자전거를 타고 학교에 가면 안전할까?

☐ 다. 단비가 자전거를 타고 학교에 다니려면 무엇을 따져봐야 할까?

☐ 라. 계속 학교 스쿨버스를 이용하라고 할까?

02 객관적인 사람이 찾는 자료는 무엇인가요? (정답을 모두 고르세요)

☐ 가. 단비의 많은 이웃들이 모두 자전거를 타고 학교로 간다.

☐ 나. 단비는 초등학교 4학년이다.

☐ 다. 단비의 많은 친구들이 모두 스쿨버스를 타고 학교에 간다.

☐ 라. 단비네 집과 학교는 도로로 연결되어 있다.

☐ 마. 단비네 집과 학교는 자전거 도로가 있다.

☐ 바. 단비네 집과 학교와의 거리는 1km 밖에 되지 않는다.

☐ 사. 단비는 부지런한 학생이다.

☐ 아. 마을에 교통사고가 발생한 적이 없다.

03 다음 중 창의적인 사고는 무엇인가요? (정답을 모두 고르세요)

☐ 가. 단비는 자전거 타기를 좋아한다.

☐ 나. 스쿨버스를 타고 학교에 간다.

☐ 다. 학교 가는 시간을 바꾼다.

☐ 라. 천천히 뛰어서 간다.

☐ 마. 걸어서 학교에 간다.

☐ 바. 이웃집 아저씨 차를 타고 학교에 간다.

☐ 사. 자전거를 타면 에너지를 절약할 수 있다.

☐ 아. 단비는 학교 가기를 싫어한다.

04 다음 중 긍정적인 사고는 무엇인가요? (정답을 모두 고르세요)

☐ 가. 체력단련이 된다.

☐ 나. 초고속으로 갈 수 있다.

☐ 다. 이웃과 더 많이 만날 수 있다.

☐ 라. 차비를 절약할 수 있다.

☐ 마. 지혜를 키울 수 있다.

☐ 바. 자전거를 수리할 줄 안다.

☐ 사. 무료로 운동이 된다.

☐ 아. 에너지가 절약된다.

05 다음에서 부정적인 사고는 무엇인가요? (정답을 모두 고르세요)

☐ 가. 자전거를 타고 가면서 주변 경치를 감상한다.

☐ 나. 체력을 소모한다.

☐ 다. 쉽게 부상을 입는다.

☐ 라. 자전거는 수리하고 손질해야 한다.

☐ 마. 자전거를 잃어버릴 수 있다.

☐ 바. 돈을 써서 자전거를 사야 한다.

☐ 사. 이웃들이 좋아한다.

06 다음에서 긍정적인 사고는 무엇인가요? (정답을 모두 고르세요)

☐ 가. 새 자전거를 위해 야광 보호장비를 살 것이다.

☐ 나. 나는 날씨가 좋은 날에 자전거 타는 느낌을 즐긴다.

☐ 다. 나는 자전거를 살 돈을 저축할 것이다.

☐ 라. 나는 자전거 수리하는 기술을 배울 것이다.

☐ 마. 나는 자전거를 타면 자유를 느낀다.

☐ 바. 나는 자전거를 어떻게 사용할 것인가를 배운다.

2 숙제

    같은 반 친구인 단비는 매번 숙제를 적어두지 않아서 방과 후에 전화로 친구에게 숙제를 묻습니다. 단비는 매일 수첩을 가지고 다니지만 적어두지 않는 거죠. 다각도 사고를 통해 해결방안을 찾아보세요.

01 통제적인 사고로 문제가 무엇인지 적어보세요.

_____

_____

_____

_____

_____

02 객관적인 사고로 관련된 자료를 찾으세요.

_____

_____

_____

_____

_____

03 창의적인 사고로 해결방안을 찾으세요.

_____

_____

_____

_____

_____

04 긍정적인 사고로 좋은 점을 찾으세요.

_____

_____

_____

_____

05 부정적인 사고로 단점을 찾으세요.

_____

_____

_____

_____

_____

06 주관적인 사고로 자신의 느낌을 적어보세요.

_____

_____

_____

_____

_____

 제 16과 학습 포인트

> ✓ 다각도 사고는 서로 다른 역할의 입장을 모두 살펴볼 수 있다.
>
> ✓ 다각도 사고를 하여 이것이 앞으로 공통적인 사고방법이 되게 한다.

사람들마다 생각이 다를 수 있어요. 어떤 답이 절대적으로 옳다고 말할 수 없기 때문에 여기에 있는 답은 참고답안일 뿐이지 정답이 아니랍니다. 그리고 혹시 답이 나와 있지 않은 문제는 여러분이 자유롭게 생각하면 됩니다.

제1과

1
01 ㉮　02 ㉯　03 ㉰　04 ㉰, ㉱, ㉲, ㉳

2
01 ㉯　02 ㉮　03 ㉰, ㉲, ㉵

3
01 ㉮　02 ㉮　03 ㉯　04 ㉮　05 ㉮　06 ㉮　07 ㉯　08 ㉮　09 ㉯　10 ㉯
11 ㉮　12 ㉰　13 ㉯　14 ㉯　15 ㉮　16 ㉮　17 ㉯

제2과

1
01 ㉰　02 ㉮, ㉯, ㉰, ㉱, ㉲　03 ㉮　04 ㉮, ㉱, ㉲, ㉳, ㉴

2
01 ㉮　02 ㉮

3
01 ㉱　02 ㉲　03 ㉮　04 ㉰　05 ㉯　06 ㉳　07 ㉮　08 ㉰　09 ㉲　10 ㉯
11 ㉳　12 ㉰　13 ㉲　14 ㉮

4
01 ㉮　02 ㉯　03 ㉳　04 ㉰　05 ㉲　06 ㉳　07 ㉯　08 ㉱　09 ㉰　10 ㉲
11 ㉯　12 ㉰　13 ㉮　14 ㉱　15 ㉲　16 ㉮　17 ㉯　18 ㉮　19 ㉰　20 ㉲
21 ㉱　22 ㉱　23 ㉲　24 ㉮

제3과

1

01 ㉮, ㉯, ㉱, ㉳　　02 ㉯, ㉱, ㉳　　03 ㉯, ㉰, ㉲, ㉳, ㉴　　04 ㉯, ㉰, ㉲, ㉳

05 ㉮, ㉯, ㉰, ㉱, ㉲, ㉳　　06 ㉯, ㉰, ㉱, ㉲, ㉳　　07 ㉯, ㉱, ㉲

2

01 ㉮, ㉰, ㉲, ㉴　　02 ㉯, ㉰, ㉲, ㉳　　03 ㉯, ㉰, ㉱, ㉲　　04 ㉯, ㉱, ㉲, ㉴

05 ㉮, ㉰, ㉲, ㉳　　06 ㉮, ㉱, ㉲, ㉳　　07 ㉮, ㉰, ㉲

제4과

1

01 ㉱　　02 ㉯　　03 ㉯, ㉱, ㉳, ㉵　　04 ㉯

2

01 ㉯　　02 ㉮, ㉰, ㉲　　03 ㉯

3

01 ㉯　　02 ㉮　　03 ㉱

4

01 ㉯, ㉰, ㉱, ㉲, ㉳, ㉵, ㉶, ㉷　　02 ㉮, ㉯, ㉱, ㉲, ㉳, ㉴, ㉾

제5과

1

01 ㉱　　02 ㉮　　03 ㉮, ㉰, ㉱, ㉲, ㉴, ㉵, ㉶　　04 ㉰　　05 ㉮　　06 ㉱

2

01 ㉮　　02 ㉱　　03 ㉮　　04 ㉯　　05 ㉰

제6과

1

01 ㉯　　02 ㉯　　03 ㉱　　04 ㉯, ㉱, ㉲

2

01 ㉯　　02 ㉱　　03 ㉮　　04 ㉰　　05 ㉱　　06 ㉰

119

3

01 ㉰, ㉱, ㉯, ㉮, ㉲   02 ㉮, ㉯, ㉰, ㉱, ㉳, ㉴, ㉯

제7과

1

01 ㉮   02 ㉰   03 ㉮, ㉰, ㉳, ㉴   04 ㉱   05 ㉮, ㉰, ㉳, ㉮

2

01 ㉯, ㉱, ㉳, ㉯, ㉮   02 ㉮, ㉰, ㉴, ㉯, ㉮   03 ㉱

3

01 ㉯, ㉱, ㉴, ㉮, ㉵   02 ㉯, ㉱, ㉴

4

01 – 국민의 부담이 된다.

　　– 건강한 국민이 병이 있는 국민을 보호해야 하는 것이라 불공평하다.

　　– 사람들마다 수입이 다르기에 기준을 정하기 어렵다.

　　– 병이 있을 때 비용을 더 지불하지 않아도 된다.

02 – 시험이 없으면 학생들에게 열심히 공부하라고 하기가 어렵다.

　　– 학생들의 능력을 평가할 수 없다.

　　– 시험을 보지 않으면 학생들의 경쟁력이 없어진다.

　　– 밖에서는 우리의 학업수준을 알 수 없다.

제8과

1

01 ㉰   02 ㉮, ㉯, ㉱, ㉳, ㉯, ㉮   03 ㉰   04 ㉰   05 ㉱

2

01 ㉱   02 ㉯   03 ㉮, ㉯, ㉱, ㉯   04 ㉯

3

01 ㉮, ㉯, ㉰, ㉳   02 ㉱, ㉴, ㉮

4

01 – 학교가 많은 돈을 내야 하므로 부담이 크다. (거액 상금)

- 학생들 사이 불신이 생길 수 있다.

- 학교에서의 도난사건이 널리 알려질 것이다.

- 근본적인 방법이 아니다. 가장 좋은 방법은 도둑의 행동을 변화시키는 것이다.

02 - 모든 학생들이 태권도를 좋아하는 것은 아니다.

- 체력단련에는 여러 가지 방법이 있는데, 꼭 태권도여야 하는가?

- 학생들은 매일 일찍 일어나야 한다.

- 학생들이 매일 체육복을 휴대해야 함으로 번거롭다.

- 자유롭지 않다.

제9과

1
01 ㉮, ㉢, ㉫, ㉬   02 ㉮, ㉠, ㉫   03 ㉢   04 ㉡   05 ㉠

2
01 ㉢   02 ㉮   03 ㉮   04 ㉮, ㉡, ㉢, ㉱, ㉫, ㉬, ㉯, ㉲, ㉰

3
01 ㉢, ㉱, ㉶, ㉬, ㉯   02 ㉢, ㉱, ㉶, ㉯, ㉲

4
01 끈기를 키운다, 성격을 바꾼다, 자신의 음악적 잠재능력을 발휘한다, 여러 가지 음악 감상 방법을 배운다 등.

02 사랑하는 마음을 키운다, 생활범위를 넓힌다, 도움을 필요로 하는 사람들을 돕는다, 다른 사람을 돕는 것은 자신에게 더 큰 만족감을 줄 수 있다 등.

제10과

1
01 ㉮   02 ㉱, ㉫, ㉶, ㉬   03 ㉢   04 ㉠   05 ㉡

2
01 ㉮   02 ㉢   03 ㉮, ㉡, ㉫, ㉬, ㉲   04 ㉠   05 ㉮

3
01 ㉡, ㉠, ㉫, ㉶, ㉬   02 ㉮, ㉢, ㉱, ㉶

4

01 사생활을 지킬 수 있다, 자기 마음대로 꾸민다, 더 많은 실내 공간, 다른 사람에게 피해를 줄까봐 걱정할 필요가 없다(음악 감상 등), 더 열심히 공부한다 등.

02 시간과 장소를 자유롭게 선택하여 수업을 한다, 교통비를 절약한다, 수업이 더 재미있다, 등·하교시간을 절약한다, 교실을 지을 필요가 없다, 집이 더 편안하다 등.

제11과

1

01 ㉮, ㉯, ㉱, ㉶   02 ㉯   03 ㉱   04 ㉱   05 ㉮

2

01 ㉮, ㉲   02 ㉯   03 ㉰   04 ㉰

3

01 ㉮, ㉰, ㉲, ㉳, ㉶   02 ㉯, ㉱, ㉳, ㉷

4

01 이어폰을 사용하라고 그녀에게 제안한다, MP3를 권해준다, 정신집중을 잘하도록 연마한다, 도서관에 가서 공부한다, 서로 영향을 주고받지 않기 위해 여동생과 시간을 조절한다, 어머니 아버지에게 이 사실을 말한다, 볼륨을 좀 낮추라고 한다, 그녀가 공부할 때 음악을 틀어 스스로 반성하게끔 한다 등.

02 어릿광대 역을 하여 참가자들과 함께 놀이를 즐긴다, 코미디 극을 한다, 참가자들과 풍선으로 놀이를 한다, 선물추첨, 음식을 나누어준다, 가면무도회를 연다, 함께 웃음을 나눈다, 가장 창의적인 옷에 대상을 준다, 야외에서 진행한다 등.

제12과

1

01 ㉮   02 ㉱   03 ㉮, ㉱   04 ㉯   05 ㉮, ㉱, ㉶   06 ㉰

2

01 ㉰   02 ㉮   03 ㉮, ㉯, ㉲, ㉵   04 ㉰

3

01 ㉯, ㉰, ㉲, ㉵   02 ㉯, ㉱, ㉲, ㉶, ㉷

4

01 스스로 모범을 보인다, 그녀에게 음식 낭비는 지구의 자원 낭비와 같다고 알려준다, 농부의 고통을 이해하게 한다, 배고픔을 체험하게 한다, 산간지대에 가서 먹을 것이 부족한 생활을 체험하게 한다, 일을 해서 먹을 것을 얻도록 한다, 음식의 가치를 이해하게 한다, 책이나 영화를 보여주면서 전쟁 때 식량이 곤란했던 화면을 보여준다 등.

02 불쌍한 어린아이가 황량한 섬을 유랑한다, 전쟁 영웅이 나약하고 무능하게 변했다, 할아버지가 갑자기 젊은 사람으로 변했다, 중세시대 인물들이 만났다, 핵전쟁이 일어났다, 모든 동물들이 사람과 이야기를 나눌 수 있다, 태양이 없어졌다 등.

제13과

1

01 나   **02** 다   **03** 가, 나, 라, 바, 아, 차

2

01 가   **02** 나   **03** 라   **04** 다   **05** 라   **06** 다   **07** 나

3

01 나, 라, 사   **02** 가, 마, 아, 카

4

01 1) 대회에 출전하는 선수들의 관련 정보를 요구한다.

2) 체육교사에게 물어본다.

3) 학생을 선발하여 예선전에 참가시킨다.

4) 성적에 따라 상품을 줄 수 있는지 제안한다.

5) 교장의 허락

02 1) 키울 수 있는 애완동물은 어떤 것이 있는가?

2) 애완견마다의 장점과 단점

3) 가족과 이웃들의 의견을 들어본다.

4) 여동생은 어떤 동물을 좋아하는가?

5) 결정 및 실행

제14과

1

01 ㉯   02 ㉮   03 ㉮   04 ㉱   05 ㉰

2

01 ㉮   02 ㉰   03 ㉰   04 ㉰

3

01 ㉮, ㉱, ㉯   02 ㉮, ㉲, ㉯

4

01 1) 가족에게 필요한 물건이 무엇인지 물어 본다.

　　 2) 구매할 물건의 리스트를 준비한다.

　　 3) 가족들에게 어느 상점에서 살 것인지 알아본다.

　　 4) 외출시간을 정한다.

　　 5) 돈과 리스트 종이를 챙긴다.

　　 6) 출발한다.

02 1) 부모님의 요구를 파악한다.

　　 2) 일의 목록을 준비한다.

　　 3) 도와줄 사람을 모은다.

　　 4) 일을 분담한다.

　　 5) 시간과 날짜를 결정한다.

　　 6) 일을 시작한다.

제15과

1

01 ㉲   02 ㉳   03 ㉮   04 ㉰   05 ㉱   06 ㉲   07 ㉳   08 ㉲   09 ㉳   10 ㉳

11 ㉯   12 ㉱   13 ㉳

2

01 ㉮   02 ㉮   03 ㉮   04 ㉯   05 ㉮   06 ㉮   07 ㉮   08 ㉯   09 ㉯   10 ㉯

11 ㉯   12 ㉮   13 ㉯   14 ㉮

3

01 ㉮　02 ㉰　03 ㉣　04 ㉯　05 ㉣　06 ㉯　07 ㉮

제16과

1

01 ㉰　02 ㉮, ㉯, ㉱, ㉲, ㉴　03 ㉯, ㉣, ㉱, ㉲　04 ㉮, ㉰, ㉣, ㉷, ㉴

05 ㉯, ㉰, ㉣, ㉱, ㉲　06 ㉯, ㉱

2

01 단비는 매일 방과 후 전화로 수업의 자세한 상황을 물어본다.

02 단비는 나와 같은 반이다.

단비는 매일 수첩을 휴대한다.

단비는 매일 숙제를 메모하지 않는다.

03 수업이 끝나기 전에 단비에게 숙제를 메모하라고 알려준다.

단비에게 다시는 전화로 알려주지 않는다.

선생님에게 이 사실을 알려드린다.

단비에게 자신의 일을 스스로 하라고 충고한다.

다른 친구들이 번갈아가며 단비를 도와준다.

04 이 일을 통해 자신의 인내성을 키운다.

다른 사람을 이해하는 것을 배운다.

자신의 창의성을 키운다

일의 진상을 이해하는 것을 배운다.

05 자신의 시간을 낭비한다.

문제를 근본적으로 해결할 수 없다.

친구들의 불만을 키운다.

단비의 무책임한 행동을 방치한다.

06 나는 무책임한 친구들을 좋아하지 않는다.

나는 다른 사람을 돕는 것을 좋아한다.

나는 다른 사람들에게 이용당하는 것을 원치 않는다.

나는 친구들의 어려움이 해결되기를 바란다.

지은이

리앙즈웬(梁志援)

저자는 홍콩 이공대학과 마카오 동아대학(마카오대학)에서 경영관리 학사학위, 마케팅 학사학위와 석사학위를 받았으며, 아동 사고(思考) 훈련 및 컴퓨터 교육 분야에서 많은 현장 경험을 가지고 있다. 현재 홍콩 컴퓨터학회, 영국 특허마케팅학회, 홍콩 컴퓨터교육학회와 홍콩 인터넷교육학회 회원으로 활동하고 있다. 또한 컴퓨터 과학기술, 심리학, 신경언어학(NLP)을 통해 아동과 청소년 양성에 주력해왔다. 그는 또한 사고방법, 교수법, 잠재의식 운영, 심리학 등의 관련 학문을 공부했다.

홈페이지 www.youngthinker.net

옮긴이

이종순

1958년 중국에서 태어나 북경 중앙민족대학에서 조선어문학을 전공했다. 한국으로 건너와 고려대학교 대학원에서 문학석사, 서울대학교 대학원에서 교육학 박사학위를 받았다. 중국에서는 목단강시위당교(牡丹江市委黨校) 조교수로 근무했고, 한국에서는 한국어와 한국문학교육을 공부하면서 서울대학교, 이화여자대학교, 경기대학교 등에서 중국어를 강의했다. 2003년 이후 한국관광대학 관광중국어과 교수로 재직 중이다. 저서로는《별나라 사람 무얼 먹고 사나》(고구려 출판사, 1997),《알짜&짤막 중국어회화》(다락원, 2004),《중국 조선족 문학과 문학교육 연구》(신성출판사, 2005) 등이 있으며, 번역서로는《지혜동화》(예림당, 1995) 등이 있다.

한언의 사명선언문

Our Mission

一. 우리는 새로운 지식을 창출, 전파하여 전 인류가 이를 공유케 함으로써
　　인류문화의 발전과 행복에 이바지한다.

一. 우리는 끊임없이 학습하는 조직으로서 자신과 조직의 발전을 위해
　　쉼없이 노력하며, 궁극적으로는 세계적 컨텐츠 그룹을 지향한다.

一. 우리는 정신적, 물질적으로 최고 수준의 복지를 실현하기 위해 노력하며,
　　명실공히 초일류 사원들의 집합체로서 부끄럼없이 행동한다.

Our Vision　　한언은 컨텐츠 기업의 선도적 성공모델이 된다.

저희 한언인들은 위와 같은 사명을 항상 가슴 속에 간직하고
좋은 책을 만들기 위해 최선을 다하고 있습니다.
독자 여러분의 아낌없는 충고와 격려를 부탁드립니다.

- 한언가족 -

HanEon's Mission statement

Our Mission

一. We create and broadcast new knowledge for the advancement and happiness of the
　　whole human race.

一. We do our best to improve ourselves and the organization, with the ultimate goal of
　　striving to be the best content group in the world.

一. We try to realize the highest quality of welfare system in both mental and physical
　　ways and we behave in a manner that reflects our mission as proud members of
　　HanEon Community.

Our Vision　　HanEon will be the leading Success Model of the content group.